AF453847

FRANÇAIS

ET

AMÉRICAINE

PAR

JULES IMBS

Déposé au vœu de la loi

BRUXELLES

OFFICE DE PUBLICITÉ

A.-N. LEBÈGUE ET COMPAGNIE, LIBRAIRES-ÉDITEURS

46, RUE DE LA MADELEINE

1871

FRANÇAIS

ET

AMÉRICAINE

Y² 2

Bruxelles. — Imprimerie de A.-N. Lebègue et C , 6, rue Terrarcken.

FRANÇAIS

ET

AMÉRICAINE

PAR

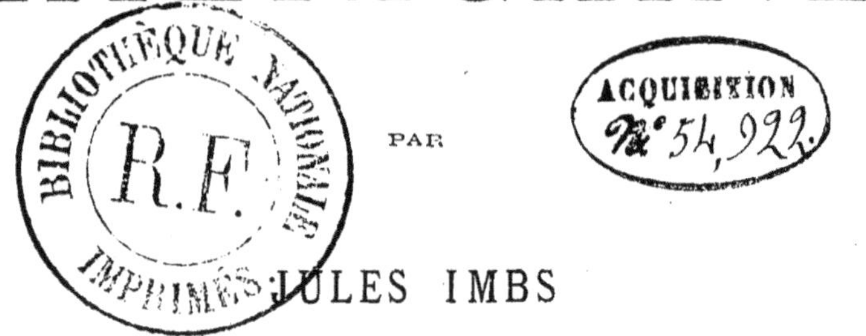

JULES IMBS

Déposé au vœu de la loi

BRUXELLES

OFFICE DE PUBLICITÉ

A.-N. LEBÈGUE ET COMPAGNIE, LIBRAIRES-ÉDITEURS

46, RUE DE LA MADELEINE

1871

I

— Voyons, chère enfant, donne-moi une réponse sérieuse.

— Mais, chère mère, je suis on ne peut plus sérieuse, car je fais un calcul arithmétique. Je dis, six et un font sept; monsieur Georges Léony a le numéro sept, puisqu'avant sa demande, j'ai eu six autres demandes en mariage. C'est donc lui qui représente ce nombre fameux, sacré, dit-on, chez les anciens, ce nombre fatal qui doit, par conséquent, être irrésistible. Eh bien! j'en suis fâchée pour le nombre sept, il aura tort, cette fois, et monsieur Georges Léony, malgré toutes ses

perfections, pourra continuer sa vie mélan·
colique et solitaire dans sa froide vallée
de Nit... (oh! l'horrible nom...) de Nitscheinengen.

— Alors, tu refuses les propositions de
monsieur Léony?

— Je n'ai ni à refuser ni à accepter; à sotte
demande, pas de réponse!

— Je ne comprends pas, je l'avoue, ta manière
de voir, et je ne trouve nullement sotte la demande
de monsieur Léony; elle me semble, au contraire,
témoigner d'un caractère droit et sensé, d'un esprit
qui se domine et est en garde contre lui-même,
d'un cœur neuf et qui a encore un grand
fond de tendrèsse. Non! j'ai beau ouvrir les
yeux : je ne vois rien à critiquer dans sa démarche.

— Comment, chère mère, s'adresser à une jeune
fille qu'on ne connaît pas, qu'on n'a jamais vue,
sans même savoir si elle est grande ou petite,
blonde ou brune, vive ou lente, bonne ou méchante,
et lui faire dire avec solennité : « J'ai vingt-neuf
« ans! je suis ingénieur! j'aime la vie intérieure !
« je suis un homme de travail et de progrès! Tout

« cela développé pendant quatre pages d'un fort
« bon style, je le reconnais, tu vois que je ne suis
« pas injuste. Si ces conditions vous conviennent,
« mademoiselle... (le nom est en blanc pour y
« mettre n'importe qui...) je propose de faire choix
« d'un endroit où nous pourrions nous rencontrer
« dans le plus strict incognito, et là, si nous nous
« convenons l'un à l'autre, nous échangerons
« nos paroles ; dans le cas contraire, nous au-
« rons fait une excursion fort agréable et rien
« ne sera compromis. » Vraiment! chère mère,
trouves-tu que ce procédé ait l'ombre de bon
sens ?

— Mais, qu'y a-t-il donc, chère enfant, de déraisonnable dans tout ceci ?

— De déraisonnable? Oh! rien, assurément.
C'est raisonnable, très-raisonnable, tout ce qu'il
y a de plus raisonnable. C'est, je le reconnais,
un procédé plein de sagesse, plein de prudence
surtout. Oh! M. Léony est un parfait ingénieur.
Peste! quand il fait une construction, il ne pose
probablement pas une pierre avant de s'être d'abord
et très-sérieusement assuré que la pierre qui est
en dessous est solidement placée : on doit dormir

tranquille dans les maisons qu'il bâtit; mais, franchement, se peut-il imaginer quelque chose de plus étrange que cette sorte de mariage en trois points? Premier point, se faire connaître l'un à l'autre, par correspondance, en donnant chacun en quatre pages bien senties une description de sa personne. — Second point, règlement des questions d'intérêts et de positions. — Troisième point, une rencontre sur un terrain neutre et là, si on ne se reconnaît, à première vue, ni bossu, ni borgne, ni bancale, tout est fini pour la vie entière! Voilà certes un mariage mené avec une sûreté, une solidité, une raison parfaites! On ne compromet rien, grand Dieu! dans un pareil système. Par malheur, à une pareille union il manque une toute petite chose, un grain d'amour : l'amour viendra après, comme disent les gens, s'il peut venir toutefois : sinon, on s'en passera!

— Mais, Jenny, il n'y aurait pas de mariage faisable, si la rencontre de deux jeunes gens n'était précédée par des renseignements, par des tâtonnements qui nécessitent des précautions que tu railles très-injustement. Il ne faut pas demander l'impossible, et il ne peut tomber, par hasard, du ciel un mari qui soit non-seulement un homme aimable, mais encore un homme sûr; il y a des inconvénients partout et, à tout prendre, il vaut mieux voir un homme sur lequel on a pris, au préalable, des renseignements précis, plutôt que de risquer de s'éprendre d'un inconnu qui ne résisterait pas à un examen sérieux.

— Je vais même plus loin, chère maman; il me semble qu'on pourrait perfectionner encore la méthode de monsieur Léony. Ce troisième point me déplaît; cette rencontre dans une ville d'eaux quelconque, à une table d'hôte peut-être, manque de précision : elle est d'ailleurs vulgaire. Pourquoi ne pas se donner rendez-vous sur le terrain, carrément, comme deux duellistes? Chacun arriverait masqué et serait placé à dix pas de distance. Les témoins frapperaient trois fois dans les mains et, au troisième coup, le monsieur ôterait son masque ; s'il était agréé, à son tour, la demoiselle se démasquerait, sinon, elle ferait une majestueuse révérence et tournerait le dos. Ce système est encore supérieur à celui de monsieur Léony et moins compromettant, car la demoiselle n'aurait pas même été vue, et le pauvre jeune homme éconduit, ne la connaissant pas, regretterait moins la charmante personne qui lui tiendrait rigueur. Chère maman, que dis-tu de mon idée?

— Chère enfant, je te trouve bien folle de plaisanter sur des choses si sérieuses.

— Qu'ai-je donc fait, dit Jenny en s'asseyant aux pieds de sa mère et en la regardant d'un air câlin, qu'ai-je fait à maman chérie pour qu'elle veuille absolument se séparer de moi?

— Tu ne m'as rien fait, méchante enfant; mais tu as vingt ans, et il faut songer à te marier.

— Rien ne presse, je t'assure : nous vivons si bien ensemble.

— Il faudra bien te marier cependant, et tu es si difficile que cela devient presque impossible.

— Sais-tu, chère mère, que tu es simplement très injuste. Qui ai-je refusé? trois gentlemen américains qui auraient fait comme papa, auraient couru toute leur vie à leurs affaires, laissant leurs femmes dans une belle maison, au milieu du luxe le plus complet, mais croyant que toute la tendresse qu'on se doit dans le mariage est épuisée, quand on a dit à sa femme : Dépensez, ma chère, dépensez tant d'argent qu'il vous plaira!

— Tu exagères, Jenny.

— Ne dis pas cela, ma bonne mère; depuis si longtemps que nous vivons ensemble, rien de ce qui te préoccupe n'a pu m'échapper; déjà, quand nous étions à New-York, je voyais combien ton cœur souffrait; papa était toujours en voyage d'un côté ou d'un autre, et même quand il n'était pas parti, on ne le voyait que le soir, fatigué, préoccupé, s'endormant dans un fauteuil. Combien de fois tu as dû te dire : Moins de richesses et plus de bonheur! Depuis, voici cinq ans que les médecins t'ont envoyée en Europe, et pendant ce temps, nous avons vu mon père une fois seulement, et seulement pendant un mois. Mes frères achèvent leur éducation et vont bientôt, eux aussi, entrer dans les affaires : tu ne les verras pas non plus et tu seras seule avec ta fille. Tout cela m'a fait réfléchir, et je voudrais pour moi une autre existence, un mari et une famille plus à moi; voilà pourquoi je n'ai pas voulu des gentlemen américains, quoiqu'ils fussent très-bien, je le reconnais, mais parce que, chez nous, tous les hommes se laissent tellement absorber par leurs affaires, qu'il n'y a plus pour eux ni femmes, ni familles.

—Tu as vu ensuite des Français, et ils ne t'ont
pas convenu davantage.

— Est-ce ma faute, si monsieur de Grenan,
homme charmant du reste, n'a pas de profession ?
N'y a-t-il pas quelque chose qui vous fait bondir le
cœur, de voir un homme de vingt-huit ans, bien
bâti, intelligent, et qui ne fait œuvre ni de ses
mains, ni de sa tête ? Si bien qu'il soit, ne doit-il
pas arriver fatalement, par l'oisiveté même, à
prendre de mauvaises et vicieuses habitudes ? Le
bonheur d'une femme dans ces conditions n'est-il
pas bien exposé ? Non. Cela ne pouvait me convenir. Quant au petit substitut et à l'avantageux
auditeur qui m'ont fait l'honneur de me demander ma main, franchement, ce sont de si pauvres
personnages, de si petits esprits, de si plats caractères, que pour les mettre en fuite, j'avais envie
de leur dire : " Faites attention, messieurs, en
Amérique, les jeunes filles n'ont pas de dot ! "

— Je ne puis te donner tort sur ce point, mais
monsieur Léony me semble réunir précisément les
différentes qualités que tu demandes ; d'après les
renseignements que nous avons, il joint à l'énergie, à l'esprit de travail qui est l'honneur de nos

Américains, la délicatesse et la sensibilité qui est le charme des Français, de ceux qui sont bien s'entend. C'est un homme travailleur, intelligent, savant, plein d'avenir : sa profession d'ingénieur est utile et honorable, ses antécédents sont excellents. Il est distingué, nous dit-on, d'un esprit délicat et cultivé; il est bon et dévoué aux siens, généreux et plein d'humanité. Il y a là un ensemble rare de qualités, et c'est pour cela que je regrette sérieusement de te voir rejeter si absolument sa proposition.

— A qui la faute? Si ce monsieur, au lieu de chercher des détours prudents, avait pris la peine de se montrer, peut-être m'aurait-il convenu; mais, franchement, je ne puis le juger sur une description, si bien rédigée qu'elle soit. En pareille matière, l'inspiration que nous donne la vue d'un homme est un moyen puissant pour prononcer ce jugement duquel dépend notre vie entière.

— Mais, enfant entêtée, il ne s'agit pas, en ce moment, de dire le Oui fatal : il s'agit, simplement, de savoir si l'âge, la profession, la position de ce jeune homme, le pays qu'il habite, si tout cela te convient, et, ceci posé, d'accepter de passer une quinzaine de jours en Suisse, en famille et avec lui. Tu pourrais alors étudier à ton aise ton prétendant et te guider entièrement d'après ton inspiration. Pourquoi donc refuser de dire Oui sur ces simples préliminaires qui ne t'engagent à rien de définitif?

— Pourquoi?... Je ne sais comment te le dire, chère maman; je ne suis probablement pas raisonnable; je vois bien que c'est là le fond de ta pensée, mais, enfin, tu sais que chaque jeune fille se crée un idéal sur le mariage. Eh bien! il me semble que le système que propose M. Léony ne répond pas à un des côtés de cet idéal, le côté très-sérieux des circonstances qui amènent le mariage; dans son système, tout est trop arrangé, prévu, classé, numéroté; j'avais rêvé autre chose.

— Voyons, Jenny, comment se peut-il que tu t'arrêtes à de semblables considérations?

— Eh! ma bonne mère, n'est-il pas juste que, moi aussi, j'aie mon petit roman? Ne suis-je pas assez gentille et assez bien élevée pour cela? Le souvenir de ces préliminaires de mon mariage ne sera-t-il pas toujours vivant à mes yeux? N'aura-t-il pas une influence décisive sur mon existence?

Comprends donc que je ne puis m'imaginer cette demande comme l'emmanchement régulier et calculé d'une affaire, mais qu'il faut que cette idée du mariage soit, dès le premier jour, représentée sinon par des circonstances romanesques, au moins par un homme aimable et séduisant que je voie en chair et en os, de mes propres yeux et non par une description! Il faut, en outre, que ma vue et non ma simple réputation agisse sur cet homme et que j'aie la conviction que son cœur a battu pour moi, pour me déterminer même à de simples préliminaires. Voici pourquoi cette lettre ne m'inspire rien et ne peut rien m'inspirer; par conséquent, je n'ai rien à y répondre.

En disant ces mots, Jenny se leva et embrassa sa mère, comme pour lui dire : la cause est entendue; n'en parlons plus!

Cette conversation avait lieu au mois de juin dernier, à Paris, dans un bel appartement de l'Avenue Joséphine, entre madame Smithson et sa fille Jenny. Monsieur Smithson était, aux États-Unis d'Amérique, un grand entrepreneur de travaux pour chemins de fer; il occupait dans cette industrie

une importante position; absorbé par ses gigan-
tesques entreprises, tantôt en Californie, tantôt
dans le Canada ou dans le Texas, courant sans
cesse d'un bout à l'autre de la grande confédéra-
tion des États-Unis, il justifiait bien l'appréciation
de sa fille Jenny et mettait sa femme dans l'opulence, mais la laissait en même temps dans l'abandon le plus complet. Depuis cinq ans, madame
Smithson était venue, sur le conseil de ses médecins, habiter Paris, où elle demeurait avec son
frère, monsieur Guillaume Osborne.

Ce frère était parti jeune pour les Indes et en
était revenu à trente-deux ans, veuf, sans enfants
et ayant une santé perdue. La réacclimatation dans
les pays tempérés, toujours si dangereuse, avait
déterminé chez lui une maladie de langueur, et les
médecins ne lui avaient pas caché que ses jours
étaient comptés. Monsieur Osborne ne se faisait donc
aucune illusion sur sa situation; il avait concentré
toutes ses affections sur sa nièce Jenny Smithson,
et cette affection un peu égoïste, comme presque
toute affection, se traduisait chez lui par la crainte
très-vive de la voir se marier : « Qu'elle attende
« un peu, se disait-il pour s'excuser à ses propres

« yeux ; elle est si jeune et j'ai si peu à vivre ;
« quand je serai mort, ma fortune lui appar-
« tiendra et elle ne s'en mariera que mieux. »

Ainsi que Jenny le disait à sa mère, elle avait
eu six demandes en mariage : contre les trois
premiers prétendants il y avait de forts arguments ;
l'isolement dans lequel vivent beaucoup de femmes
Américaines pendant que leurs maris poursuivent
la fortune avec une âpre énergie est un fait dont
beaucoup d'exemples existent dans la société que
connaissait Jenny : d'ailleurs, il n'était pas besoin
de les chercher au loin, l'exemple de sa mère
avait, comme nous l'avons vu, vivement impressionné la jeune fille, qui voulait absolument
n'avoir pas le même sort. Il arrive généralement
que dans toute famille où les enfants ont vu
chaque jour les effets fâcheux d'un système, ils
se jettent dans un excès contraire, frappés uniquement du danger qu'ils connaissent et ne voyant
pas que, dans la vie, le danger est partout et
qu'en évitant un écueil, souvent on va se perdre
sur un autre. Jenny fut donc vivement frappée
des inconvénients de l'éducation des jeunes Américains, et bien que les trois gentlemen qui de-

mandèrent sa main fussent tous trois de ce type Américain-homme, un des plus beaux de la race humaine et, à la fois, jeunes, forts, énergiques, résolus, elle fut moins frappée de leurs qualités viriles que du danger de se voir séparée de sa mère et, un jour, peut-être, laissée seule, loin de son mari et de sa famille.

— Mon père, disait-elle, a été, lui aussi, un homme beau, énergique et bon; cependant ma mère est abandonnée!

Elle en arriva peu à peu à aimer la tranquillité de nos mœurs françaises, à trouver bien qu'un homme vécût là où il était né, près des siens, qu'il eût une ambition moins haute et moins forte.

— Peut-être, se dit-elle, non sans quelque raison, le bonheur demande-t-il de la modération dans les désirs!

Elle ne tarda pas à pouvoir comparer les hommes des deux pays et, dans la société dans laquelle sa beauté, sa grâce, son esprit et, bien aussi, la situation de son père la mettaient en évidence, elle fut naturellement recherchée. Dans le camp des Français, le feu fut ouvert par monsieur dé Grenan : vingt-huit ans, une jolie tournure, de gracieuses manières, un esprit cultivé et un cœur droit faisaient de monsieur de Grenan un Français bien réussi; il avait, d'ailleurs, une jolie fortune, ce qui ne gâte rien, et le titre de comte, que certaines gens prisent fort. Mais, il ne faisait rien depuis qu'il avait achevé son droit, car les distractions du club, la fréquentation des courses, la vie du monde ne constituent ni une profession, ni une occupation sérieuse. Il fut amicalement accueilli dans la société de madame Smithson et put, grâce à la liberté qu'autorisent si judicieusement pour les jeunes filles les usages Américains, voir fréquemment et librement Jenny. Vivement impressionné de la beauté, de l'esprit enjoué dans la forme et solide dans le fond de la gracieuse Américaine, un beau jour, sans ambages ni détours, il avoua à Jenny qu'il l'aimait. De gentilles paroles d'amour gracieusement dites par un homme jeune, aimable, intelligent, aimant sont une forte charge de cavalerie sur le cœur d'une jeune fille; mais Jenny, élevée librement, habituée à peser la responsabilité de ses actes et de ses paroles, n'était pas une timide jeune fille rougissante et tremblante aux premières paroles d'amour qu'on lui débite.

Elle résista fort bien à cette attaque et fixant sur monsieur de Grenan un regard ferme et franc :

— Je vous trouve, monsieur, lui dit-elle, un homme charmant et digne d'une femme ; vous me plaisez fort et je ne vous le cache pas, mais jamais vous ne serez mon mari ; par conséquent, soyons amis et ne parlons plus de cela.

— Mais, enfin, mademoiselle, dites-moi, je vous prie, répondit monsieur de Grenan, quelle raison vous fait rejeter ma demande, malgré la sympathie que vous voulez bien m'accorder?

— Parce que vous n'avez pas de profession.

— Est-ce là une raison suffisante?

— Sans doute, un homme qui ne fait rien ne présente à une femme aucune garantie de bonheur sérieux : non-seulement, il est inutile dans ce monde, mais il est exposé à beaucoup de tentations, car l'oisiveté est mauvaise conseillère.

— Je ne reculerai devant rien pour vous satisfaire ; dites-moi, mademoiselle, quelle profession voulez-vous que j'embrasse?

— Il est tard ; vous n'avez, monsieur, à vingt-huit ans, plus le temps de vous attacher à une carrière sérieuse ; vous avez perdu malheureusement les meilleures années de votre vie. Je sais que, dans ce pays, vous trouverez dans le monde des personnes qui n'ont pas mes opinions et une femme qui vous donnera son cœur. Quand vous aurez des enfants, vous aurez soin de ne pas leur laisser commettre la faute qui me force aujourd'hui à refuser votre demande.

Ainsi finit la tentative de monsieur de Grenan et, ici, il faut indiquer comment Jenny pouvait porter un jugement si arrêté sur les choses et sur les hommes. Elle avait, sans aucun doute, un esprit très-clairvoyant et avait pu, dans sa double existence en Amérique et en Europe, faire bien des comparaisons, mais enfin, cela ne lui eût pas donné l'expérience nécessaire pour avoir une opinion raisonnée sur bien des questions, et il serait injuste de soupçonner une si charmante personne d'avoir eu un esprit tranchant. Monsieur Guillaume Osborne était le maître qui, la prenant doucement par la main, lui faisait voir les choses telles qu'elles sont : esprit très-positif, dégagé des préjugés et des idées de convention, il allait droit au fond des choses et ne laissait rien subsister

2.

de ce qui était faux et consacré par l'usage.

Sourdement hostile à toute idée d'un mariage immédiat pour sa nièce Jenny, il avait un tact merveilleux pour flairer sous l'habit de l'homme du monde le prétendant à la main de sa nièce ; ce prétendant subissait alors, sans s'en douter, un examen après lequel rien n'échappait à monsieur Osborne, puis, maître de la situation, les faits en main, il amenait pendant quelques jours la conversation sur ce prétendant. Il faisait un résumé du bien et du mal qu'il y avait à dire et commençait toujours par le bien, se donnant ainsi un air de bienveillance qui inspirait confiance, mais il terminait par le mal, et c'est la dernière impression qui reste. De plus, comme certains présidents de cours d'assises, et tout en ayant, comme eux, l'intention d'être impartial, il était plus frappé du mal que du bien et mettait vivement en lumière les inconvénients. Quand Jenny avait entendu petit à petit et absorbé jusqu'à la dernière goutte le breuvage préservateur préparé par son oncle, le candidat pouvait se démasquer ; la réponse était prête.

Ce fut ainsi que les défauts propres à la vie des hommes vivant aux États-Unis furent nettement saisis par Jenny Smithson, et que le côté faible de monsieur de Grenan fut si vivement accentué. Quant aux autres aspirants à la main de Jenny, ils rendirent facile la tâche de monsieur Osborne. Il y eut d'abord monsieur Delilot, substitut du procureur impérial de... Tout le monde connaît le prestige considérable dont jouit, dans une certaine classe de la société, la magistrature, et bien que, depuis quelques années, ce prestige se soit considérablement affaibli, il n'en est pas moins très-puissant, et malgré le peu d'avantages matériels que donnent de semblables positions, un jeune homme qui est attaché à la magistrature peut avoir de grandes prétentions en se mariant. Ainsi le veut l'usage, et l'usage dispense les hommes de toute réflexion. Si certaines personnes curieuses veulent aller au fond des choses et se rendre compte des causes de cet usage, elles verront d'abord qu'en France toute position, si médiocre qu'elle soit, dès l'instant où elle a un revenu fixe et assuré, a un prestige considérable aux yeux d'une foule d'esprits timorés et craintifs pour lesquels l'incertain est le pire de tous les maux. Ne dites pas à ce genre d'hommes, qu'en somme, un revenu fixe de quelques mille francs ne permet pas, vu la cherté croissante de la vie, d'élever une famille, que dans une semblable carrière, ce qu'il y a de certain, c'est la vie étroite et fatalement la diminution successive du capital gagné laborieusement par les générations précédentes. Ne dites pas cela; c'est peine perdue, et ces esprits clairvoyants qui, pour ne pas tomber, se jettent platement à terre ne comprendront jamais vos idées; vous exciterez tout bonnement leur profonde pitié. La certitude du revenu, si faible qu'il soit, telle est la cause générale qui fait estimer les fonctions administratives, mais la grande, la véritable raison de l'estime dans laquelle est tenue en particulier la magistrature, c'est que toujours, si loin qu'on remonte, l'esprit professionnel a eu dans la magistrature une vivacité particulière et que, dans ce corps, tous, grands et petits, ont fait constamment l'éloge de leur profession; comment résister à cette quantité de gens disant sans cesse, dans leurs discours et dans leurs écrits, avec éloquence parfois, avec insistance toujours, que rien n'est plus grand, n'est plus noble, n'est plus beau que d'être magistrat? Malheur aux rares penseurs qui laisseraient voir quelques doutes sur ces affirmations! Le torrent les emporterait et les pulvériserait.

Monsieur Delilot n'avait certainement rien de commun ni avec Montesquieu, ni avec d'Aguesseau : son père, bonnetier de la rue Quincampoix, à Paris, avait passé sa vie à recevoir des consignations de petits fabricants de Picardie, à leur donner des comptes de ventes à bas prix, tandis qu'il vendait lui-même cher. A ce métier, aussi productif que peu honnête, il s'était enrichi convenablement. Il est vrai que vingt-deux de ses fabricants furent ruinés et mis en faillite, mais comme il payait lui-même fort exactement ses échéances, il passa pour le plus honnête homme du monde. Son ambition fut de faire de son fils un magistrat; des études de collége assez faibles, trois années de droit médiocres, tels étaient les états de service d'Auguste Delilot; mais, à côté de ce mince bagage, il avait une qualité, la qualité vraie, la qualité maîtresse de tous les chercheurs de place, la persistance. Rien ne lui faisait lâcher le morceau qu'il tenait et rien ne le lassait pour le saisir. Il n'avait ni les relations, ni les protections indispensables pour entrer dans la carrière qu'il avait choisie; il se fit les unes et conquit les autres : mais qui pourrait rendre compte des efforts prodigieux que, pendant sept ans, fit cet homme opiniâtre? Avec moins de travail qu'il n'en fallut pour avoir cette position de deux mille cinq cents francs, on eût, en Amérique, acquis au grand jour une belle fortune. Rien ne vint arrêter cette ferme volonté; tout marcha au but : jamais, d'ailleurs, Auguste Delilot ne donna prise à la critique : ses opinions littéraires, religieuses, politiques furent celles des gens qu'il avait choisis pour le pousser; il en devint exactement le reflet. Sa conduite fut toujours d'une surface irréprochable. Cet homme incolore, insapide, toujours poli, toujours équilibré, ne commit jamais une seule faute de forme; le fond le regarde seul et est inconnu. Enfin, l'éloge ronflant des plus minces mérites des gens qu'il recherchait fut le levier dont il se servit, levier puissant, et qui, à vingt-neuf ans, lui permit de réaliser le but de sa vie.

Auguste Delilot se rendit parfaitement compte que, même en supposant qu'il arrivât, par la suite, à monsieur Smithson quelques revers, la fortune de Jenny serait toujours considérable, surtout en l'ajoutant à celle de M. Osborne : dès lors, le siége de la gracieuse Américaine fut ouvert dans toutes les règles. Des visites fréquentes, une foule de petites attentions, un esprit approbateur de tout, attentif à faire à propos l'éloge des plus minces détails, l'étalage de la considération attachée à la profession de magistrat, le tableau de la vie paisible de famille que permet une carrière tranquille et sédentaire, furent les principales armes employées : tout cela, dit doucement, modestement, en honnête homme qui inspire de l'estime, eût pu réussir, mais l'oncle, le terrible oncle était là, et eut bientôt percé à jour cet esprit étroit, égoïste, profondément sec, et ruiné les espérances de l'ambitieux substitut !

Il fit aussi l'éloge de la magistrature, de celle élue par les citoyens et non nommée par la faveur ; il fit voir combien ces fonctions sont justement considérées, quand elles couronnent la carrière d'un homme utile et laborieux, mais combien il est dangereux de confier les armes terribles de la répression ou le jugement de graves intérêts à des jeunes gens sans expérience et souvent d'un mince savoir. Il prouva combien l'initiative et la véritable énergie, ces qualités sans lesquelles l'homme n'est rien, manquaient à monsieur Delilot, combien son esprit était étroit, combien son cœur sec ; il l'acheva en rendant ridicule son air grave, sa tournure empesée, son ton sentencieux et ses grandes phrases creuses et vides de connaissances sérieuses. Aussi, quand monsieur Delilot se présenta, Jenny se contenta de lui répondre : « Parlez de votre demande à mon oncle ! » Quant à monsieur Guillaume Osborne, il se retrancha dans un non très-ferme.

Monsieur Armand d'Anoyse, le sixième des demandeurs en mariage de Jenny, était auditeur au conseil d'État ; c'était le type du parfait conducteur de cotillons : lui aussi était entré dans la vie avec le mince bagage d'un étudiant en droit ; les bancs du collége, ceux de l'école de droit et les bals dont il était un des plus infatigables danseurs, ne le sortirent pas de la médiocrité d'esprit complète dans laquelle il était né et avait vécu. Rien n'était jamais venu exercer la volonté de cet aimable jeune homme, et la vie ne lui avait présenté aucune difficulté ; un oncle riche et puissant l'avait pris par la main et porté doucement jusqu'au Conseil d'État. Au surplus, se rendant parfaitement justice, Armand d'Anoyse n'avait qu'une préoccupation, plaire à son oncle : c'était là le but sérieux de sa vie. Ce caractère effacé et plat devait irriter singulièrement les nerfs d'un homme qui, à vingt-deux ans, était aux Indes chef d'une grande maison et avait créé, avec une rare énergie, sa position. Jenny, elle aussi, qui, comme toutes les Américaines, n'estimait dans un homme que son propre mérite et qui ne comprenait pas qu'on pût se borner à n'être toute sa vie que le reflet d'un autre homme, partagea entièrement l'opinion de son oncle, et un refus accueillit immédiatement les ouvertures de monsieur d'Anoyse.

Jenny commençait à trouver que si les Américains sont trop absorbés par le désir de faire eux-mêmes leur chemin dans le monde, les Français manquent, par contre, singulièrement des qualités qui font l'homme indépendant et utile. Elle était surtout indignée des démarches qui se faisaient continuellement autour des siens pour savoir le chiffre de sa dot. « Une femme, s'écriait-elle,

« n'est donc recherchée dans ce pays que pour
« son argent, et les hommes n'y sont donc que
« marchandise à vendre ! C'est scandaleux ! »

Bien des gens, et des meilleurs, n'approuvent pas plus que notre jeune Américaine l'importance que joue dans nos mariages français la question d'argent.

II

Jenny Smithson, qui était vive et fort expansive, exprimait hautement son opinion au sujet de ce côté de nos mœurs françaises, et Dieu sait si elle déchirait à belles dents les coureurs de dot. Un jour que la conversation avait roulé sur ce sujet, madame Graziani, une amie de sa mère, lui dit :

« Jenny, si vous tenez à la vie sérieuse et si
» vous voulez un mari qui, sans oublier au mi-
» lieu du brouhaha des affaires qu'il a une femme,
» ne considère cependant pas le mariage comme
» un moyen de faire fortune, mais le croie l'asso-
» ciation de deux cœurs et de deux esprits pour

« traverser la vie unis, se soutenant et se perfec-
« tionnant l'un l'autre, j'ai votre affaire. Mon
« recommandé, monsieur Léony, a vingt-neuf ans,
« est ingénieur, chargé de la direction industrielle
« des grandes usines de Nitscheinengen ; c'est un
« homme de cœur et, de plus, intelligent, tra-
« vailleur, énergique; fils d'un médecin très-
« estimé et mort jeune, il a été, de bonne heure,
« chef de famille, a soutenu les siens et n'a pas
« voulu songer à se marier jusqu'ici, parce qu'il
« ne se considérait pas comme libre. Mais main-
« tenant, sa dernière sœur est mariée depuis un
« mois, et je crois qu'il doit être décidé à cher-
« cher une femme. Vous savez, chère amie, con-
« tinua madame Graziani en s'adressant à madame
« Smithson, combien le rôle d'intermédiaire en
« mariage est délicat et fécond en désagréments.
« Pour personne au monde, je n'offrirais de me
« charger d'une semblable mission; mais pour
« Jenny et pour le fils de ma vieille amie, madame
« Léony, j'accepterai cette tâche ingrate. D'ail-
« leurs, monsieur Léony est un de ces hommes
« rares qu'on est disposé à protéger : je le connais
« depuis dix ans, et je le considère comme l'homme

« auquel je confierais le plus volontiers ma fille,
« si j'en avais une. »

La proposition de madame Graziani fut accep-
tée avec empressement et, le lendemain, une petite
lettre partait à l'adresse de madame Léony,
lui demandant si son fils était disposé à se
marier, et l'informant, qu'en pareil cas, madame Graziani consentait à servir d'intermédiaire.

Le retour du courrier apporta à madame Graziani deux lettres, l'une de madame Léony la
mère, la remerciant avec effusion, l'autre de
George Léony, répondant qu'il était libre, ne
demandait pas mieux que de se marier, et sup-
pliait qu'on lui donnât immédiatement les détails
les plus précis et les plus complets.

De suite, la bonne madame Graziani écrivit
une longue lettre, dépeignant les qualités
de Jenny et donnant sur elle et sur la famille
Smithson. les renseignements les plus élo-
gieux.

A son tour, monsieur Léony envoya une lettre
de quatre pages serrées, où son portrait physique
et moral était fait avec une parfaite sincérité; ses

idées, ses projets, la manière dont il comprenait la vie à deux, tout était nettement tracé et témoignait d'une âme noble et généreuse. Il concluait en demandant qu'on appréciât dans la famille Smithson si sa position, son avenir, sa résidence n'étaient pas un obstacle et convenaient. Dans le cas affirmatif, il désirait qu'on passât quelques jours en Suisse, où on pourrait librement se voir et se juger.

Ce fut l'arrivée de cette lettre qui souleva la petite discussion que nous avons vu avoir lieu entre la mère et la fille; madame Smithson trouvait naturelle et très-logique la manière dont avaient été faites les démarches préliminaires de ce mariage; mais Jenny était froissée de voir se discuter ces préliminaires sans qu'elle eût été vue au préalable; c'était elle qui devait être la cause unique d'une demande en mariage, et cette demande était déjà à moitié faite sans que son prétendant l'eût seulement vue. En vain, madame Smithson lui répétait, avec un parfait bon sens, qu'il n'était pas jusque-là question d'une demande en mariage, mais seulement de savoir si, dans le cas où les jeunes gens se conviendraient, cette demande ne trouverait pas un obstacle dans la position de monsieur Léony; elle n'obtenait que des réponses évasives.

— Qu'il vienne se montrer, répondait Jenny; c'est en le voyant que je saurai si la position me convient, car l'homme fait la position!

Ce dernier raisonnement ne manquait pas de sagesse. Il y avait donc du pour et du contre dans la question; c'est ce qui arrive souvent. Presque toujours, quand il y a discussion, il y a des deux côtés une certaine somme de bonnes raisons, quelquefois même, des deux côtés on a parfaitement raison, mais en se plaçant à des points de vue différents. Cependant, de bonne foi, on lutte pour la démonstration de la vérité; les arguments pleuvent drus de part et d'autre, et chaque argument nouveau soulève des incidents qui eux-mêmes ont une nichée de petits : alors, quand bien des gens ont compendieusement développé le sujet de la discussion, en ont minutieusement analysé les moindres détails et suffisamment embrouillé les diverses parties, la question, ballottée entre des flots contradictoires d'éloquence, de logique, de science et de controverse, devient complétement obscure; il y fait nuit sombre et on pourrait alors batailler pendant mille ans sans plus avancer d'un pas. Heureusement, la mort est là, l'utile mort que les folies des hommes auraient rendue nécessaire si la Providence ne l'avait créée en prévision probablement de ces folies. Alors seulement le combat finit... faute de combattants. D'autres hommes viennent qui disent : Nos pères étaient bien fous de se quereller ainsi, et à leur tour ils discutent, se disputent et se querellent sans plus de sagesse, mais sur une autre question.

Ainsi vont les choses, et Jenny et sa mère auraient pu ainsi longtemps prolonger leur discussion sans se mettre d'accord. Quant à monsieur Guillaume Osborne, il ouvrit un incident, en disant : Ces jeunes Français, ils sont braves au combat, mais non en amour ! La peur d'un refus les glace d'effroi. En Amérique, cela se mène autrement, et quand j'aperçus ma chère Lina, je n'eus besoin de personne pour faire mes affaires, morbleu ! trois jours après que je l'eus aperçue, nous étions fiancés et un mois ensuite, mariés, en route pour la chute du Niagara !

Le résultat de ce tiraillement fut que madame

Graziani écrivit à monsieur Léony qu'on retournait la question et qu'avant de se prononcer sur la convenance de la position, madame Smithson et sa fille désiraient voir le prétendant lui-même. « Je crois donc, ajoutait-elle, que le mieux pour avancer les choses serait que vous vinssiez ici. »

Georges Léony était du Haut-Rhin; charmant homme sous tous les rapports, il avait au plus haut degré l'entêtement alsacien qui ne le cède à aucun entêtement du monde, pas même à l'entêtement breton. Il avait fait, au sujet de son projet de mariage, son plan, l'avait minutieusement retourné dans tous les sens; ceci bien posé, on aurait changé le mouvement de la terre, plutôt que de lui faire modifier ses idées.

— Ah! ah! dit-il, parce que probablement ces dames ont de la fortune, elles s'imaginent qu'elles me feront tourner comme une toupie! Eh bien, non! Je n'en aurai pas le démenti, et plutôt que de m'exposer à leur dédain, je romprai ce beau projet comme je brise cette canne, et, exaspéré, il cassa en deux morceaux une fort belle canne qui ne pouvait mais de cette affaire. — Ainsi font quelquefois les hommes les plus sages ; que penser des autres ?

Vite, il écrivit à madame Graziani quatre nouvelles pages très-serrées d'écriture, ainsi que de bonne logique d'ingénieur, où il démontra par A plus B que la position de la famille Smithson étant vraisemblablement supérieure à celle qu'il avait pour le présent, il ne pouvait consentir à se présenter avant que cette question de position ne fût vidée. « Plus mademoiselle Smithson est charmante, disait-il en terminant, plus je dois tenir à cette solution préalable, car en voyant cette jeune personne, je me préparerais peut-être un amer chagrin si elle me refusait. C'est donc un risque que je tiens à réduire le plus possible. »

Jenny, de son côté, fut inébranlable : « L'usage américain, s'écria-t-elle, est que les jeunes gens fassent eux-mêmes leurs affaires ; c'est un bon usage, et il ne me plaît pas de le modifier pour me marier par intermédiaire. Puisque monsieur Léony ne veut pas se déranger, qu'il cherche une autre femme ! »

— Il y a du juste au fond de ce raisonnement, conclut M. Guillaume Osborne : seulement, ce que je vois de plus clair là dedans, c'est que notre voyage en Suisse est manqué.

— Pourquoi manqué? dit Jenny. Ne peut-on aller en Suisse que pour des entrevues matrimoniales? Du tout. Qui donc nous empêche de voyager librement, sans souci en tête et sans prétendant sur nos talons?

Je ne demande pas mieux, pensait l'oncle Guillaume.

— Voyons, bonne petite mère, continua Jenny, en prenant le petit air câlin que nous lui connaissons, je vous demande, à mon oncle et à toi, carte blanche et vais vous organiser un voyage admirable. Nous partirons pour Genève, traverserons le lac, puis le Valais qui n'est pas amusant, mais qui mène au Simplon; te rappelles-tu ce beau Simplon qui nous enthousiasma tant, il y a trois ans, et ces terribles gorges de Gondo et cette plantureuse vallée de la Tosa? Nous reverrons tout cela, et puis... et puis, je vous choisirai, près du Mont-Rose, une bonne petite vallée bien retirée, bien fraîche, bien tranquille, où nous resterons ensemble tout le mois de juillet. Mon oncle et moi, nous passerons notre temps à te gâter, et tu nous le rendras un petit peu, n'est-ce pas?

Il n'y eut contre ce projet pas grande résistance de madame Smithson, et deux jours après, monsieur Osborne *and Family* arrivaient à l'hôtel des Bergues, à Genève; le lendemain matin, à sept heures, ils partirent sur le petit bateau à vapeur qui porte la malle d'Italie.

De son côté, George Léony, aussitôt sa lettre à madame Graziani expédiée, se demanda bien un instant s'il n'avait pas été un peu cassant; mais cette idée ne tint pas contre un examen rétrospectif qu'il fit de la situation; il se dit qu'il avait agi sagement, avec énergie, dignité, et se donna un bon point pour sa fermeté. — Ce qui était le plus contrariant, c'est que, regardant son plan comme indiscutable et convaincu que le voyage en Suisse se ferait, il avait demandé et obtenu un congé, et outre qu'il ne fait pas bon perdre les bonnes choses, et un voyage en Suisse est des meilleures, il est ennuyeux pour un homme qui a la prétention d'avoir de la suite dans les idées de tourner comme une girouette au vent, sans raison apparente; mais cette difficulté fut bientôt résolue : Parbleu, se dit-il, pourquoi n'irais-je pas en Suisse? Je serai libre, sans amour en tête : je vais faire un voyage charmant. Et passant de l'idée à l'action, vivement, comme les gens qui sentent la valeur du temps, de suite, il envoya à son ami, Charles Ballan, médecin à Genève, la dépêche suivante :

« Je pars mercredi pour le Mont-Rose. Viens, si possible; rendez-vous sur le bateau-poste, jeudi, devant Lausanne. »

Le soir, il reçut la réponse suivante :

« J'accepte ton projet; je serai jeudi sur bateau-poste. »

Cette circonstance fit qu'au moment même où M. Osborne, sa sœur et sa nièce arrivèrent sur le bateau, M. Ballan s'y trouvait. Les Américains et leurs familles ne sont pas rares sur les bateaux du lac de Genève, et les touristes non plus : la famille Osborne et M. Ballan passèrent donc les uns à côté des autres, sans se douter du point de rapprochement qui leur était commun. Chacun se casa de son côté : le docteur se mit à l'avant extrême du bateau : c'est une place excellente, d'où rien ne gêne la vue, qui court librement sur l'eau;

madame Smithson, fatiguée de la route, descendit dans le ladies room, où elle s'étendit sur un canapé et s'endormit du sommeil des justes; M. Osborne, qui avait besoin de l'air tonique et frais du lac, se fit monter un fauteuil sur le pont et s'y allongea, feuilletant le *Guide en Suisse* de Baedeker et coupant sa lecture par de longues rêveries; pour Jenny, elle prépara son album et prit rapidement les vues des quelques stations pittoresques auxquelles s'arrêtait le bateau; dans ces courts arrêts, elle jetait rapidement et hardiment au fusain quelques traits, puis les passait au crayon et les arrangeait pendant la marche. Tout alla ainsi tranquillement jusqu'au port d'Ouchy devant Lausanne. C'est là la station la plus importante du lac; aussi il y eut pas mal d'allées et de venues qui dérangèrent Jenny dans son travail, enfin le calme se faisait et Jenny se hâtait de reprendre son dessin, lorsqu'un touriste, qui arrivait, fut poussé vers elle par le mouvement du départ du bateau, et fit tomber à terré l'album dans lequel elle dessinait. Se baisser, ramasser l'album, le rendre, fut l'affaire d'un instant, mais le trait du fusain était effacé et le dessin perdu. La jeune Américaine ne put maîtriser un mouvement de mauvaise humeur et l'auteur du désastre lui réitéra ses sincères excuses, après quoi, en homme qui sait combien les Anglais et les Américains en voyage sont peu disposés à entrer en rapport avec des inconnus, il continua son chemin. Jenny acheva d'effacer le dessin, ferma l'album et regarda le coupable qui était venu si mal à propos interrompre son travail; il causait avec un second touriste que nous savons être le docteur Ballan; c'était un homme de vingt-cinq à trente ans, grand, d'une figure noble, distinguée et ayant un air très-caractérisé à la fois de douceur et de résolution. Il portait un costume approprié aux excursions dans les Hautes-Alpes, et composé de grandes guêtres, de gros bas de laine, de culottes courtes s'arrêtant au-dessus du genou et d'une vareuse en laine grise. A côté de lui était un sac de voyage et un immense bâton (alpenstock) terminé par un fort crochet et une petite hache.

— Maladroit! pensa Jenny en le regardant. Si tu ne te tiens pas mieux sur les glaciers que sur les bateaux, tu ne reviendras qu'en morceaux, et ce ne sera que justice!

Tout à coup, elle rougit légèrement : sur le sac appartenant à ce touriste, elle venait de lire, en gros caractères : George Léony. C'était lui! lui! George Léony, son prétendant, qui avait fait tomber si mal à propos l'album. Bon début!

— Ma foi, se dit-elle, il a bien fait de ne pas se présenter; je n'aime pas les gens maladroits, et, reprenant son album, elle esquissa la lointaine silhouette des belles montagnes qui forment le fond du lac de Genève. Tout à coup, une idée folle passa dans sa tête; elle prit une nouvelle page et fit le portrait en charge de son ancien prétendant. Justement, son compagnon et lui venaient de se faire servir à déjeuner, et rien ne prête plus à la charge qu'un homme qui mange, excepté, toutefois, un homme qui dort, quand il ronfle surtout.

Le dessin est une étude bien utile pour les jeunes filles : il leur apprend bien des choses et leur permet de juger les hommes; présentez à une jeune fille qui a l'habitude du dessin un prétendant, elle verra de suite si les proportions de son corps sont convenables, si ses traits sont conformes aux lois du beau qu'elle a étudiées. De plus, le dessin tient un peu de l'anatomie et permet, par conséquent, de juger des aptitudes d'un homme par certains côtés physiques, ce qui n'est pas à négliger.

Jenny crayonnait la charge de son prétendant, mais comme, avant tout, elle était juste, elle reconnut bientôt que l'air ouvert, franc et bon de George Léony se prêtait mal au ridicule; elle était d'ailleurs désarmée par le ton intime et affectueux de la conversation de ces deux hommes, qui causaient avec tendresse de leurs parents, de leurs amis; on sentait, dans cette causerie, du cœur et de l'émotion. Le sujet d'ailleurs devint bientôt intéressant, car l'ami de M. Léony lui demanda pourquoi il ne songeait pas à se marier.

— J'y songe, répondit George, depuis un mois seulement, car jusque-là mon rôle de chef de famille m'empêchait de pouvoir le faire, et je n'ai pas perdu de temps, puisqu'il y a déjà eu pour moi un commencement de mariage.

— Et c'est ici que tu fais ta cour?

— Sans doute, car ce commencement n'a pas eu de suite. Au premier mouvement, j'ai été jeté par-dessus bord.

— Conte-moi cela.

— C'est tout ce qu'il y a de plus simple. Une amie de ma mère lui parla un jour d'une jeune fille très-bien, d'une éducation et d'une valeur supérieures, enfin tout à fait autre chose que les nuées de poupées que nous voyons défiler dans le grand et dans le petit monde. Tout était bien. Malheureusement, elle était riche, ou du moins son père passe pour riche, ce qui m'est parfaitement indifférent, car elle est Américaine, et en Amérique on ne donne pas de dot aux jeunes filles.

— Mais, avoir un père riche est, somme toute, un bon défaut.

— Non! non! mauvaise affaire, tu vas le voir. Au premier mot, je dis : ma position ne me permet pas d'épouser une femme riche et élevée dans l'opulence. On me répond : ni la mère, ni la fille n'attachent la moindre importance à la fortune ni au luxe; on veut un homme capable, travailleur, bien élevé, le reste ne fait rien et on vivra à la campagne, dans votre vallée. Cela me rassure, et je me dis que je ne puis cependant en vouloir à une demoiselle de ce que son père est dans les affaires un homme supérieur. Tout allait donc bien : je fais un exposé de ma situation, de mon avenir, de mes projets et de la manière dont je comprends le mariage ; je conclus en demandant, avant toute autre chose, que la jeune fille et sa famille examinent ma position et voient s'il n'y a pas d'obstacle de ce côté, qui doit, suivant moi, être examiné à fond avant d'aller plus loin, car, en tout, il est bon d'avoir de la méthode et de ne passer à une conséquence qu'après avoir posé des principes. On me répond que la famille ne trouve rien à dire contre ma position, mais que la jeune fille ne veut se prononcer sur ce point qu'après avoir examiné tous les autres et surtout après m'avoir vu. Je maintiens qu'il faut terminer d'abord l'examen de ma position, que, de part et d'autre, il est sage de ne pas avoir de rencontre jusque-là. — On m'écrit : Mademoiselle ne cédera pas. — Je réponds : et moi non plus. A entêtée, entêté et demi. Et voilà !

— Vous êtes amusants tous les deux. Mais, en résumé, quel grand risque courais-tu à te présenter ?

— Mon cher ami, chacun a, là-dessus, ses idées.

Les Américaines aiment à flirter, c'est-à-dire à se faire faire la cour, ce qui n'est évidemment pas désagréable; on passe six mois à se dire des choses tendres, et puis, si cela n'aboutit pas, on recommence d'un autre côté. Cela doit être charmant, et je ne critique pas cet usage, infiniment plus naturel, en somme, et plus moral que notre système, qui limite la demande en mariage à des convenances sociales et financières discutées à froid par les esprits positifs des parents. Pour l'Américaine, le point essentiel est de juger elle-même son mari; c'est, en somme, elle qui se marie, et elle consulte, avant tout, son goût et son inspiration; je trouve cela très-bien. — Si la jeune fille dont il s'agit eût été sans fortune ou avec une fortune modeste, cela allait tout seul; je prenais mon chemin de fer, j'expliquais mon affaire, je plaidais ma cause, et, ma foi, je sens si bien que je serai un bon et loyal mari, que j'ai ce qu'il faut pour aimer sincèrement et solidement une femme et que je n'aurai l'amour ni plat, ni fou, mais sensé, sérieux, tendre et élevé, qu'il me semble que j'inspirerais confiance. Mais il s'agit d'une jeune fille qui se croit peut-être très-riche! Pouvais-je me

laisser discuter du haut de cette inégalité apparente de fortune, moi qui sens très-bien que la
fortune ne me manquera pas, car elle ne manque
jamais à ceux qui travaillent aussi sérieusement
et solidement que moi; non, cela eût été faire
litière de ma dignité, et je ne le voulais pas. C'est
pourquoi j'insistais pour que, de bonne foi, on me
répondît si ma position convenait, ou plutôt si,
moi convenant sous tous les autres rapports, elle
ne serait pas un obstacle. J'avoue parfaitement
qu'en insistant sur ce point, je me suis donné
l'air quelque peu ridicule d'un homme qui n'ose
pas affronter un rendez-vous d'amour ; mais je me
connais ; je sais quelle est la vivacité de mes affections, et si cette jeune fille m'avait plu, ce qui
serait probablement arrivé, je ne me serais pas
facilement consolé d'un refus. C'est pourquoi rien
ne m'a fait sortir du principe que je m'étais posé.
Pour juger ma conduite dans cette circonstance, il
faut comprendre, cher ami, la différence immense
qu'il y a entre un jeune gandin et un homme dont
la vie a été, comme la mienne, utile et sérieuse ;
celui-ci voltigera et papillonnera d'une fleur à une
autre. Pour moi, où je m'attacherai, je resterai !

Les mêmes choses lues à froid ou dites avec l'expression que donnent la voix et la physionomie, changent bien d'aspect, et on en trouvera ici une preuve, car ce qui avait paru si ridicule à Jenny lui semblait en ce moment bien plus convenable. L'accent de sincérité, l'air de conviction, la réserve d'un cœur qui ne s'est pas donné imprimaient aux arguments que Jenny avait repoussés, malgré les instances de sa mère, une force qui les faisait maintenant pénétrer dans son âme.

— Allons, se dit-elle, c'est un honnête homme ! Je lui pardonne généreusement la chute de mon album, et elle effaça le commencement de caricature qu'elle avait essayé d'esquisser.

— Au fait, mon cher, dit M. Ballan, tu as eu raison de te tenir sur la réserve. Voyons, n'y pensons plus : une de perdue, mille de trouvées.

— Non ! non ! cher ami, cela n'est pas si facile que tu le crois. Si cette personne est telle que madame Graziani me l'a dépeinte, et madame Graziani a un jugement très-sûr, je ne retrouverai pas facilement l'équivalent comme caractère et comme élévation d'esprit. Enfin ! il n'y a rien à faire qu'à chasser ce souvenir en courant les glaciers et les cimes du Mont-Rose. Ah! venons à ce sujet. De combien de jours disposes-tu ?

— De huit.

— Très-bien, et moi de trois semaines. Voici mon plan : nous partons, à l'arrivée du bateau à Bouveret, par le chemin de fer pour Sion; là, nous frétons une voiture, et après avoir dîné consciencieusement, nous profitons de la soirée pour aller à grandes guides jusqu'à Tourtemagne, où nous coucherons. Demain, qui est samedi, à trois heures du matin, nous partons pour Brieg, où nous abandonnons notre voiture : nous faisons la montée du Simplon à pied et couchons à l'hospice. Cela nous mettra en train ; dimanche, nous passons par la Maltwalgrat dans la vallée de Saas; lundi, par le col d'Alphubel dans la vallée de Zermatt, et mardi, nous arrivons au Riffelberg, où nous nous installons : nous courons les glaciers jusqu'au premier jour favorable et alors..., alors, nous faisons l'ascension du Mont-Rose. Ah! ah! cela te va, vieil ami!—Puis, nous nous quitterons, car tout a une fin, les bonnes choses surtout; tu retourneras à Genève, et je ferai le tour méridional du Mont-Rose pour arriver à Macugnaga, où je prendrai quelques jours de repos bien gagnés. De là, j'irai aux lacs Majeur, de Lugano et de Côme; enfin, je rentrerai chez moi par le Splugen.

— Peste! c'est un beau voyage, dit le docteur Ballan; en ce qui me concerne, j'accepte entièrement ton plan. Mais, levons-nous, nous voici à Bouveret.

Sur ces paroles, nos touristes passèrent leurs havres-sacs sur leurs épaules, prirent leurs alpenstocks et s'approchèrent de la sortie du bateau.

Jenny Smithson n'avait pas perdu un mot de cette conversation, et trouvant fort piquant de continuer son rôle d'observation, elle se dit : « Vous allez à Macugnaga, monsieur l'entêté, eh « bien! en ma qualité de chef d'excursion, je jette « mon dévolu sur Macugnaga, et vous m'y retrou- « verez! »

Ne plaignons pas notre belle Américaine : Macugnaga est un des plus beaux points de toutes les Alpes, et des mieux choisis pour un séjour; le hasard servait donc bien Jenny Smithson. Elle

crut sage, au surplus, de ne parler ni à son oncle,
ni même à sa mère de sa découverte : « A quoi
« bon, se dit-elle, faire recommencer nos discus-
« sions? Cela est d'ailleurs sans importance et ce
« que j'en fais est une pure étude de mœurs, fort
« piquante, ma foi, mais qui ne regarde que
« moi. »

III

Les personnes qui ont fait des excursions en
Suisse ont pu remarquer que les voyageurs, en
suivant un même tour, se retrouvent à chaque
instant ; il semble, au premier abord, que, dans
les montagnes, on doive être perdu et ne jamais se
rencontrer ; il n'en est rien. Les chemins, les
étapes, les hôtels, tout est disposé de façon qu'une
fois engrené dans le mouvement, on le suit avec
une régularité forcée jusqu'au bout ; il en résulte
que, pendant quelques jours, on revoit les mêmes
figures ; on finit, sans avoir échangé un mot, par
se connaître très-bien : on entre dans une inti-

mité réciproque, car aucun détail de la vie n'é-
chappe à des gens qui se voient dans ces conditions, qui vivent toute la journée près les uns des
autres et qui, la nuit, habitent des maisons en
bois de sapin, le plus sonore des bois : tout cela
dure jusqu'à ce qu'arrivé à un point de bifurca-
tion, chacun tire de son côté, et alors tout est
fini.

En arrivant à Bouveret, nos cinq voyageurs se
retrouvèrent dans le même compartiment de chemin de fer, par la raison très-simple qu'il n'y
avait qu'un compartiment de première classe dans
le train. Les deux groupes voyagèrent donc en
face l'un de l'autre, mais avec la réserve qui est
d'usage dans ces sortes de rencontres, usage plein
de sagesse introduit par les mœurs anglaises, chacun des groupes se tint serré, sur son quant à soi,
et pas une parole ne fut échangée entre eux ; ils
n'étaient pas *présentés* les uns aux autres : seule,
Jenny savait à qui elle avait affaire, mais Jenny
gardait soigneusement son secret.

A Sion, tous descendirent au même hôtel ; le
même garçon leur loua des voitures ; ils dînèrent
à la même heure, dans la même salle, de la même

façon et suivirent ensuite la même route, toutefois la seconde voiture, qui fut celle des Américains, se tenant à distance respectueuse pour éviter les flots de poussière que soulevait la première.

Toute chose a sa valeur et son charme; il ne s'agit que de la mettre à sa place. Rien ne prouve mieux cette vérité qu'un voyage dans le Valais, car s'il est une opinion sur laquelle tout le monde soit d'accord, c'est que le parcours de la longue vallée du Rhône, dans le Valais, est tout ce qu'on peut imaginer de plus désagréable : le long de cette route monotone, il fait chaud, poussiéreux, et on est dévoré par des moustiques : sur ce point, tout le monde est d'un même avis. Eh bien ! il y a là une erreur profonde : pour trouver belle cette route, il faut tout simplement la parcourir d'une certaine façon; il est, en effet, évident que dans tout pays, la saison, le temps, l'heure de la journée, les circonstances dans lesquelles on voyage rendent un pays charmant ou infiniment désagréable. Ainsi, cette vallée du Rhône, si monotone le jour, est très-belle à voir le soir, une heure avant et une heure après le coucher du soleil, à

la double condition d'être en voiture découverte
et mené à grande vitesse : alors, en effet, les montagnes du Valais, dont les premiers plans sont
si massifs et si disgracieux, prennent, à cette
heure, de belles teintes; leurs formes se découpent
vivement et perdent leur caractère lourd; l'œil en
parcourt sans éblouissement et avec plaisir les
longues lignes et la mobilité des couleurs qui dé-
croissent promptement d'intensité donne à tout le
pays une variété continuelle : d'ailleurs, à chaque
instant, on a quelques échappées sur les beaux
glaciers qui forment le second plan, malheureusement trop caché; si on ajoute à cela qu'il n'y a
rien de mieux à faire, après un solide dîner, que
de se laisser ainsi entraîner vivement, sans souci
et sans fatigue, dans un pays curieux, on ne plain-
dra pas trop nos voyageurs et réellement ils n'é-
taient pas trop à plaindre.

Ils arrivèrent à Tourtemagne presque en même
temps, et, à la nuit complète; ils se trouvèrent,
pendant un quart d'heure, réunis dans le salon,
feuilletant le registre d'hôtel ou regardant les
cartes et les livres qui étaient sur la table; chaque
groupe s'observait tout en continuant à garder un

silence respectueux. L'examen de Jenny seul avait un caractère sérieux, et elle conclut en disant : « Décidément, il *n'était* pas mal! »

Le lendemain matin, Jenny et sa mère retardèrent un peu le départ, ce qui, en voyage, arrive généralement aux dames, même aux plus diligentes; elles voulurent, en outre, voir la belle cascade de Tourtemagne : tout cela fit que le docteur Ballan et George étaient déjà en route, à pied, à la montée du Simplon depuis une bonne heure, quand la voiture de monsieur Osborne commença la montée tirée par quatre vigoureux chevaux. A Bérisal, les piétons et la famille américaine se retrouvèrent à déjeuner; seulement, George et son compagnon achevaient leur repas; cela donna donc une heure d'avance aux deux piétons. Mais, si raide que soit la montée du Simplon, une heure d'avance ne suffit pas pour lutter, à pied, de vitesse contre une voiture tirée par quatre bons chevaux : aussi, bientôt, nos touristes entendirent les grelots de la voiture qui, à chaque instant, se rapprochait d'eux.

On arrivait vers le sommet du passage; c'est l'un des points les plus beaux de cette admirable route. A mesure qu'on s'élève, on aperçoit les glaciers du versant méridional des Alpes Bernoises, et, de même qu'au commencement d'une belle nuit, le monde des constellations apparaît successivement jusqu'à ce qu'il finisse par former un immense chœur d'éblouissement, de même le monde alpestre se découvre petit à petit; c'est un *crescendo* continuel de grandeur et de sauvagerie; enfin, à un détour de la route, on a, en arrière, la vue de l'ensemble des grands glaciers d'Aletsch et des pics qui les environnent; devant soi, contre la route, un profond précipice de sept ou huit cents mètres, et, par devant, les neiges éternelles de Kaltenwasser et du Monte Leone; dans cet endroit, la végétation cesse; on entre dans le monde supérieur, et les galeries rapprochées, les tunnels en dessous et au dessus desquels bondissent de bruyantes cascades, font sentir que, si ce passage est pittoresque en été, il est d'un sérieux danger en hiver.

George, parvenu le premier à ce tournant, s'était arrêté pendant que le docteur faisait quelques recherches botaniques : il ne pouvait se lasser de cette vue, tour à tour promenant ses regards sur les glaciers étincelants, puis les plongeant dans l'abîme, au fond duquel grondait la Saltine, quand un cri appela son attention sur la voiture qui le suivait. Elle était dans une position des plus critiques ; des sacs de charbon rangés contre la montagne avaient effrayé l'un des chevaux, qui s'était rejeté vivement du côté du précipice, entraînant avec lui les autres chevaux ; le cocher, pour les arrêter, avait tiré sur les rênes, et avait ainsi évité la perte de l'équipage ; malheureusement, dans la lutte qui s'était engagée, la voiture avait tourné sur elle-même et formait un angle vif avec les chevaux, de façon qu'à mesure qu'on les écartait du précipice, on en rapprochait davantage la voiture, qui allait infailliblement tomber dans l'abîme. L'homme qui accompagne toujours les chevaux de renfort était négligemment à quelques centaines de mètres en arrière ; le cocher ne pouvait songer à sauter du siége et, pour comble de malheur, monsieur Osborne, étendu au fond de la voiture, ne pouvait descendre et madame Smithson ainsi que sa fille se trouvaient du côté du précipice. Rien ne pouvait sauver d'un effroyable accident les malheureux voyageurs. Aux cris de terreur poussés par madame Smithson, George se retourna, vit le danger, en un instant eut sauté à la tête des chevaux et les eut ramenés en avant dans le bon chemin. Il ne courut pas dans cette affaire un grand danger et fit ce qu'un chacun eût fait à sa place, il n'en reçut pas moins, comme de juste, de grands remercîments. Il répondit par quelques paroles aimables, et se tournant vers Jenny :

— J'espère, mademoiselle, lui dit-il, que vous me pardonnerez ma maladresse, et que maintenant vous ne m'en voulez plus.

— Oh! monsieur, répondit vivement Jenny, ma rancune n'avait pas duré plus de cinq minutes.

On causa encore un instant et en apprenant que George devait faire l'ascension du Mont-Rose, puis revenir par Macugnaga, on lui fit bien promettre d'y rester quelques jours. Jenny, qui avait caché avec soin le nom de George, avait, le matin même, prévenu son oncle et sa mère du but définitif qu'elle donnait à leur voyage.

La descente de la route qui va du col du Simplon à Domo d'Ossola se fit sans incident sérieux ; nos voyageurs franchirent rapidement et les grandioses horreurs des gorges de Gondo et la lumineuse et éblouissante vallée de la Tosa. Ils ne furent certainement pas insensibles à la beauté variée des différentes parties de la route, mais soit que le jour fût moins favorable, ou que les plus belles choses perdent à être revues, ou bien qu'ils fussent tous accablés par la chaleur, le vrai est qu'ils furent moins impressionnés que dans le voyage précédent. Jenny surtout, qui était le boute-en-train de la société, était absorbée dans ses réflexions et déjà, ses impressions au sujet de George étaient fort différentes de celles qu'elle avait à Paris ; elle sentait clairement qu'elle reverrait avec plaisir ce même homme qu'elle avait la veille, à Ouchy, sur le bateau, maudit de si bon cœur.

Le lendemain, de bonne heure, la famille Osborne se mit en route pour Macugnaga ; en trois heures, on arriva à Ceppo Morelli dans la pittoresque vallée d'Anzasca, à l'endroit où la route cesse. A partir de là, on parcourt à pied ou en chaise à porteurs un sentier bâti en bois, sur pilotis, et qui au lieu de suivre par des sinuosités le flanc des montagnes, va en pente douce et continue, tantôt accroché à de gros châtaigniers, tantôt franchissant la largeur de la vallée, tantôt suspendu à d'immenses rochers au-dessus de profonds précipices; rien n'est plus varié ni plus intéressant que cette partie de la route; plus loin, on aperçoit l'ensemble de l'immense cirque que forme le Mont-Rose en barrant le fond de la vallée; c'est là, au milieu de grandes et vertes prairies, entouré de bois de sapins, qu'est Macugnaga. L'élévation du fond de la vallée est de 1,300 mètres; l'air est pur, léger, vivifiant; l'œil parcourt avec ravissement les fraîches prairies et avec admiration les pics du Mont-Rose, les grands glaciers qui en descendent et l'immense muraille de rochers qui forme un rempart presque droit de trois mille mètres de hauteur.

L'excellent Franz Lockmatter, propriétaire de l'hôtel du Monte-Moro, compléta par une installation simple et un peu primitive, mais faite avec une parfaite bonne volonté et un empressement de bon aloi, la satisfaction qu'éprouvaient nos voyageurs d'être arrivés au but de leur entreprise et de renoncer, pour quelque temps, au perpétuel changement d'hôtel qui, au bout de peu de jours, devient très-fatigant. Le plaisir pur et sans mélange qu'ils comptaient trouver dans ce charmant coin du monde les rendait tous très-heureux, car la perspective du plaisir agit sur nous plus fortement que la réalité elle-même.

Pendant huit jours, ils eurent en effet une existence idéale, seuls, libres ; on était au commencement de juillet, qui est le moment de la fenaison ; l'air était embaumé et d'une douceur parfaite, les jours chauds, mais les matinées et les soirées fraîches. Chaque matin, le Mont-Rose, au lever du soleil, prenait cette belle coloration qu'on lui voit rarement et qui lui a valu son nom : nos voyageurs ne manquaient pas ce spectacle, puis, de bonne heure, on faisait une grande excursion, ensuite venait le second déjeuner. Quand le campement était heureux, le jour et le site à point, on envoyait chercher ce déjeuner, et on prolongeait la halte pour donner à Jenny le temps de peindre, car à Macugnaga, Jenny avait abandonné les crayons pour prendre la palette. Le soir, la musique avait sa part ; le salon de l'hôtel était orné d'un piano à peu près convenable, et madame Smithson, ainsi que sa fille, fort bonnes exécutantes toutes deux, avaient eu la précaution d'apporter avec elles les symphonies d'Haydn à quatre mains, ainsi que quelques grandes symphonies de Mozart et de Beethoven, et plusieurs des compositions de Schumann : mais elles comprirent vite que rien ne s'alliait mieux à la quiétude et au calme d'esprit qu'elles trouvaient à Macugnaga que la suave et limpide musique d'Haydn, cette expression si naturelle de la joie tranquille d'une âme honnête. Haydn faisait donc le fond musical, et comme il y a cinquante-six symphonies de ce maître, le choix était abondant et la variété sauvait de l'ennui.

Que manquait-il au bonheur de monsieur Osborne, de sa sœur et de sa nièce? Pas grand'chose : dans le premier moment, monsieur Osborne avait oublié sa maladie; grâce aux chaises à porteurs, il pouvait aller partout suivant sa nièce intrépide. Madame Smithson pensait bien un peu à ses jeunes années, à l'époque où son mari l'aimait, et se disait : " Quel beau cadre ce pays ferait à une scène d'amour! " mais l'affection de sa fille lui faisait bientôt faire un retour vers le présent. Quant à Jenny, au milieu de son enthousiasme pour cette magnifique vallée, de ses travaux de peinture et de son existence occupée, elle ne songeait pas beaucoup à sa petite malice et avait complétement oublié monsieur Léony.

Monsieur Léony le lui rendait parfaitement : quand, chaque jour, on se lève à deux heures du matin, qu'on fait douze ou quatorze lieues dans sa journée et qu'on a en tête le projet de faire l'ascension du Mont-Rose, on ne pense pas beaucoup aux misses blondes ou brunes dont on a renversé l'album et remis en bon chemin la voiture. Trois jours après que nous les avons quittés, le docteur Ballan et George étaient installés au Riffelberg, guettant la première bonne occasion pour exécuter leur grand projet.

Elle ne se fit pas longtemps attendre ; le temps était magnifique ; les nuits, très-froides, durcissaient la neige et, le matin, les avalanches étaient par conséquent peu à craindre ; les vapeurs, car il y en a toujours au-dessus des masses de neige quand le soleil en attaque la surface, ne se produisaient qu'un peu tard ; tout semblait à point.

Aussi, deux jours après leur arrivée au Riffelberg, George et le docteur se mirent en route. Les guides avaient proposé de partir à trois heures du matin, mais, sur l'avis de George, on partit deux heures plus tôt et on fit bien, car le long du glacier de Gorner et sur les masses de neige qui sont plus haut, on marche très-bien à la lueur des lanternes, et on arriva ainsi dans les passages difficiles au point du jour. Il y a, vers la fin de l'ascension, une demi-heure pendant laquelle on va sur une sorte de crête de glace d'un pied de large avec un abîme sans fin des deux côtés ; les plus résolus pâlissent un peu à cet endroit, cependant, ce passage difficile fut franchi bravement et, à neuf heures du matin, George planta un drapeau sur le sommet du Mont-Rose ; le son monte si facilement qu'il entendit très-distinctement le petit canon qui, de l'hôtel du Riffelberg, saluait son pavillon.

On dira ce qu'on voudra sur l'inutilité de semblables entreprises et sur les dangers qu'elles font courir ; elles témoignent, en tous cas, chez ceux qui les exécutent, d'une énergie et d'une virilité qui leur fait honneur ; mais quand ces hommes solides sont doublés d'une âme de poète qui leur fait chercher le beau et le grand, n'y eût-il qu'une étincelle à en cueillir sur ces sommets des Alpes, au prix de leur vie peut-être, ces hommes sont à ce moment véritablement grands, car il est grand de faire quelque chose au-dessus du commun et surtout de chercher partout le beau pour s'en inspirer et pour le divulguer.

Du Mont-Rose, on a une vue immense sur toute la chaîne des Alpes et sur la Lombardie ; au pied, partent, comme les rayons d'une roue, des vallées dans tous les sens. George aperçut distinctement la vallée de Macugnaga, mais sans penser le moins du monde à la famille Osborne ; on n'est plus beaucoup de ce monde à de pareilles hauteurs et, de même que le détail des montagnes n'apparaît plus vu de si haut, la vie elle-même, si on fait, en pareil cas, un retour sur soi, n'est visible que dans ses grands traits.

Nos touristes restèrent environ deux heures sur le sommet du Mont-Rose, puis la descente commença : c'est généralement la partie la plus difficile de ces sortes d'entreprises : toutefois, ce jour-là, elle se fit avec un rare bonheur et, à cinq heures, les deux compagnons et leurs huit guides rentraient à l'hôtel du Riffelberg salués des hourras de tous les voyageurs, car c'était, cette année, la première ascension poussée jusqu'au sommet du Mont-Rose.

Le lendemain, le docteur et George se quittèrent, le docteur pour redescendre la vallée de Zermatt et aller à Genève ; George, au lieu d'aller droit sur Macugnaga par les glaciers du Weisthor, se dirigea vers le col de Saint-Théodule, pour faire le tour méridional du Mont-Rose ; ce changement d'itinéraire retarda de cinq jours son arrivée à Macugnaga.

Pendant ce temps, la famille Osborne constatait qu'aucun bonheur n'est durable dans ce monde : les orages vinrent entraver les promenades, et leur solitude si charmante fut détruite par l'arrivée d'un touriste ; c'était un homme de vingt-six ans environ, du midi de la France, joli garçon, de manières fines et aristocratiques, mais beaucoup plus fait pour fouler le tapis d'un boudoir que les sentiers rocailleux des Alpes. Quand on le vit, le premier jour, partir pour le fond de la vallée avec un air résolu, le sac au dos et sa

grande pique à la main, chacun fut convaincu
qu'il allait franchir toutes les montagnes et dé-
vorer l'espace ; mais, trois heures après, il revint déclarant qu'il n'en pouvait plus, et, depuis, renonçant à son voyage, il ne quitta plus
l'hôtel, où les soins infinis de sa toilette lui faisaient passer beaucoup de temps, que pour aller se
reposer sous les arbres qui sont dans le milieu de
la prairie voisine, disant qu'il n'y avait pas, dans
ce monde, de bien plus estimable que le repos.
Cette théorie agaçait prodigieusement les nerfs ma-
lades de monsieur Osborne ; mais ce qui acheva son
irritation fut l'énonciation d'une foule de principes
qui révoltaient un homme aussi intelligent que
monsieur Osborne : ainsi, l'éducation et l'instruction doivent être données avec le plus de parcimonie
possible au peuple ; sans cela, comment les jeunes
gens bien nés seraient-ils supérieurs au commun
des hommes ; — on doit user de la force avec
énergie, car, sans la répression, rien ne sera
respecté, et alors que deviendra la propriété
des gens riches ; — le libre mouvement auquel aspirent les nations modernes est un des
plus grands fléaux qui soient venus s'abattre

sur le monde, et il faut détruire cette tendance.

— Où donc avez-vous été élevé? lui demanda un jour M. Osborne impatienté.

— Chez moi, répondit le jeune homme.

—Cela se voit bien, lui répondit l'Américain en le regardant d'un air de pitié.

Bientôt, un bruit sinistre se répandit dans la vallée : un accident épouvantable était arrivé à l'un des pics du massif du Mont-Rose; deux voyageurs et trois guides qui les accompagnaient étaient tombés d'une hauteur épouvantable et on n'avait pas même pu retrouver leurs cadavres : trois guides avaient échappé par miracle, la corde qui les liait tous s'étant cassée. On ne savait pas les noms des voyageurs, mais l'imagination de madame Smithson et de sa fille leur persuada que George et le docteur étaient les victimes de cet accident. Monsieur Osborne et sa sœur furent fort attristés par cet événement, mais Jenny en fut encore bien plus émue. Elle se reprocha d'avoir mis de l'obstination quand il avait été question de son mariage; elle se considéra comme la cause indirecte de ce malheur, et le souvenir de cet homme qu'elle n'avait fait qu'entrevoir devint un vrai chagrin pour elle; ce souvenir la poursuivait toute la journée et, la nuit, elle avait des rêves affreux. Pour peu que cela eût duré, elle fût devenue sérieusement malade.

Heureusement, qu'une après-midi, vers cinq heures, par une pluie torrentielle, on vit arriver à l'hôtel du Monte-Moro un guide et George; le guide paraissait souffrant et était soutenu par George, qui ressemblait absolument à un homme tombé tout habillé dans l'eau.

— Le voilà! s'écria madame Smithson, qui l'aperçut.

— De qui parlez-vous? demanda monsieur Osborne.

— Du voyageur qui nous a sauvés au Simplon.

Jenny, heureusement pour elle, était derrière son oncle, car elle n'eût pu dissimuler son émotion, qui fut très-vive.

— Je suis vraiment heureux de le savoir en vie, dit monsieur Osborne, car cette fin tragique m'assombrissait depuis quelques jours.

— J'en souffrais comme vous, dit madame Smithson.

Jenny ne souffla mot.

L'homme qui, à son insu, inspirait cette sympathie, alla tout droit se sécher et changer d'habits ; au bout d'un quart d'heure, il descendit dans la salle à manger, qui, à l'hôtel Moro, sert en même temps de salon, et salua la famille américaine.

— Vite, monsieur, dit madame Smithson, donnez-nous de vos nouvelles ! Vous nous avez causé une inquiétude affreuse. Étiez-vous avec ces malheureux voyageurs qui ont péri au Mont-Rose ?

George, qui ne connaissait pas un mot de cet accident, se fit raconter ce qu'on savait, et observa que l'accident avait eu lieu, sans doute, au Mont-Cervin, pyramide de mille mètres de hauteur, dont il est impossible de faire l'ascension ; il avait vu, au Riffelberg, les touristes qui voulaient tenter cette imprudente entreprise et la leur avait déconseillée en vain. Sur l'invitation qui lui en fut faite, il fit le récit de son voyage : le brave Lockmatter, qui est un des meilleurs coureurs de montagne qui existe, était tout oreilles, et quand George eut fini, il lui dit :

— A la bonne heure! vous êtes un homme, vous! Ce n'est pás comme ce beau monsieur qui est ici depuis huit jours, et qui n'a juste que le courage de s'étendre, sous un châtaignier, tout le long du jour.

George devint à table le voisin de monsieur Osborne, enchanté de se débarrasser de monsieur du Rocher; quand on a passé quelques jours dans l'isolement le plus complet, on est bien heureux de retrouver un homme avec qui on puisse échanger des idées, et monsieur Osborne était d'une conversation charmante, d'une grande largeur d'idées et d'une véritable supériorité d'esprit. George fut donc très-satisfait de son voisin; monsieur Osborne ne le fut pas moins de George; il était si habitué à ne rencontrer que des gens à idées rétrécies, étroites, égoïstes, que mettant la main sur un homme sympathisant avec ses principes, il ne le lâcha plus. Cette sympathie exista au bout de dix minutes entre George et monsieur Osborne, et ils virent de suite qu'ils avaient un grand nombre d'idées communes. Il est à remarquer, en effet, que quand on connaît l'opinion d'un homme sur trois ou quatre questions, on peut en déduire avec presque certitude son opinion sur toutes les autres, car elles sont la conséquence logique de la direction générale de l'esprit, et même si le désaccord existait sur quelques points, comme on part de principes communs, la discussion peut amener utilement un rapprochement même sur ces points.

Avez-vous vu, par une fraîche matinée, deux chevaux courant au grand trot sur une route bien ferme? Ils partent de front, mais à chaque instant l'ardeur de l'un entraîne l'autre, qui à son tour dépasse le premier, et peu à peu, s'excitant l'un l'autre, ils dévorent l'espace. Ainsi, dans une conversation entre deux hommes intelligents et dont les idées sympathisent, l'échange d'idées active leur circulation; à chaque instant, de nouveaux horizons s'ouvrent à l'esprit et en deux ou trois heures un monde d'idées est remué; on sort d'un semblable entretien à la fois liés l'un à l'autre, fortifié dans ses convictions et largement approvisionné de nourriture intellectuelle.

La conversation entre monsieur Osborne et George commença par la politique; c'est le grand terrain commun, le sujet de conversation générale par lequel on débute le plus souvent et qui mène à tout. Monsieur Osborne recevait régulièrement des journaux et en lisait un au moment où George était entré dans le salon; George demanda à son voisin des nouvelles, et de là on passa vite aux théories générales.

Le résumé de ce qui se dit entre eux fut ceci, c'est que la politique, qui est la direction des affaires générales, devrait être régie par les principes qui régissent les affaires particulières, mais que, malheureusement, il est loin d'en être ainsi. La mauvaise foi, la fraude, la violence, qui sont flétries dans la vie privée, sont choses admises et même hautement estimées dans la politique : il y a deux morales, la grande qui excuse même les crimes, et la petite qui punit même les délits. En somme, la direction des intérêts publics est un prétexte qui a pour résultat de mettre en relief certaines personnalités bruyantes, bouffies et creuses, au détriment de l'ensemble de l'humanité. Aussi, le but constant des hommes réfléchis doit être de diminuer la part abandonnée aux pouvoirs politiques, qu'ils soient monarchiques, ou qu'ils soient législatifs.

Un des sophismes les plus répandus consiste à croire que les progrès que l'humanité doit réaliser peuvent se faire sous l'impulsion énergique et créatrice du pouvoir; ce sophisme sert à justifier les immenses concessions que la faiblesse et le manque de portée des hommes ont faites de tout temps aux chefs d'État. Attendre la prospérité et le progrès d'une sorte de providence, représentée par un homme ou par une assemblée d'hommes, est une idée creuse : il faut s'aider soi-même; il n'y a que cela qui profite.

Ils reconnurent, de plus, que ce qui importe, ce n'est pas que tel ou tel homme soit assis sur un trône, ce n'est pas non plus que tel ou tel article soit inscrit dans une constitution; mais c'est l'état moral d'un peuple, c'est-à-dire la somme des idées qui ont cours chez lui et en vertu desquelles il règle sa conduite publique et privée. Les hommes d'État peuvent peu pour le bien, et, tout ce qu'on doit leur demander, c'est de laisser chacun livré à son initiative privée, en se bornant à faire exécuter quelques mesures générales de police. Malheur aux peuples qui sont dirigés par des hommes qui veulent faire de grandes choses!

L'histoire, toujours complaisante pour les puissants, leur élève des statues, mais oublie de dire au prix de quelle compression et de quels flots de sang se sont faites ces choses faussement appelées grandes et que la libre pratique de la vie, le libre jeu des intérêts, aurait réalisées sans secousse, sans lutte et pour toujours. En un mot, la politique est une science si fausse, si mal posée, que tout ce qu'on peut espérer et désirer d'elle, c'est qu'elle ne fasse pas de mal et soit simplement une science inutile, à reléguer avec les folies de la magie, de l'astrologie, et il est à souhaiter qu'on fasse, une fois pour toutes, justice de ces idées creuses et cruelles débitées sur la foi d'esprits faux et immoraux, comme l'illustre Machiavel et toute l'école politique italienne.

Passant de cet ordre d'idées aux moyens de faire réaliser à l'ensemble des hommes de sérieux progrès, George et monsieur Osborne convinrent que, pour atteindre ce but, il faut que les hommes qui ont eu le bonheur de naître dans la fortune, ou qui ont eu le talent de la conquérir et sont indépendants, c'est-à-dire *soustraits aux nécessités urgentes de la vie,* songent que leur fortune n'est pas moralement exempte de charges. Il est pour eux *de devoir strict* d'employer toutes leurs forces à diriger vers l'amélioration morale et matérielle ceux sur qui ils peuvent avoir une action directe ou indirecte; ils doivent être des foyers rayonnant la lumière, des phares indiquant le chemin à suivre. Leur moyen d'action doit être surtout l'exemple : *ils doivent l'exemple, le bon exemple,* et, s'ils s'y soustraient, et, à plus forte raison, s'ils donnent le mauvais exemple, ils font regretter amèrement que les caprices de la fortune les ait favorisés.

L'égoïsme, qui fait qu'on ne songe qu'à soi ou qu'aux siens, est certainement de tous les vices le plus méprisable. Il amène à des résultats monstrueux et que la longue habitude nous fait seule accepter. De quel nom appellerait-on des hommes qui, échappés au naufrage, regarderaient avec calme et indifférence leurs compagnons d'infortune et ne feraient pas l'effort possible pour les arracher à la mort imminente? Ils seraient flétris, et on n'aurait pas pour les flétrir d'injure assez énergique. Que font donc, cependant, les hommes qui, assurés d'un long bien-être, disent à leurs

semblables : « Barbotez, bonshommes! Pour moi,
« je suis un malin, et je me suis tiré de là! » — Ils
manquent au premier des devoirs et au plus
indispensable à remplir. — Faut-il donc être un si
profond philosophe pour s'apercevoir que l'intérêt
de conservation et le bonheur d'un homme riche
sont étroitement liés à la pratique de ce principe
d'avoir souci de ses semblables? N'est-il pas évident qu'il y a, malgré tout, une grande solidarité
entre les hommes? De toutes les entreprises à
tenter, y en a-t-il une plus grande que de mettre
l'homme dans sa pleine valeur?

Or, l'homme n'atteint cette pleine valeur que
quand, élevé et instruit, il sait qu'il lui est possible d'arriver à l'indépendance. Ce jour-là, ses
facultés grandissent et son énergie se décuple.
C'est là le but à atteindre : est-il irréalisable?

Il y aura toujours entre les hommes de grandes
inégalités de fortune et il n'y a pas de mal à cela;
l'homme arrivé à l'état d'indépendance est aussi
heureux, généralement plus heureux que celui qui
a une immense fortune, et cela pour deux raisons,
d'abord, parce qu'il est plus facilement maître de
lui, étant moins circonvenu, ensuite, parce qu'il

lui reste quelque chose à désirer. Mais ce qui est un malheur immense, une situation intolérable, c'est l'état de dénûment moral et matériel où se trouvent réduits, même dans les pays les plus civilisés, une foule d'hommes auxquels le travail le plus dur qui existe, le travail manuel, procure à peine de quoi subsister grossièrement et ne permet pas de donner à une famille une éducation convenable.

Certes, il y a beaucoup à dire contre le manque d'ordre et d'économie, ainsi que contre certains vices propres aux classes laborieuses, mais il est évident que, malgré le travail le plus obstiné, l'indépendance est impossible à une foule d'hommes laborieux, honnêtes et très-utiles dans le monde. C'est un grand malheur qu'il faut s'efforcer de combattre.

George conclut en disant :

« C'est l'ensemble de ces observations qui me
« fait bénir ma chance ; de bonne heure, j'ai dû
« me livrer à un travail sérieux et l'appliquer sous
« la forme éminemment utile d'ingénieur indus-
« triel. Non-seulement, chaque jour m'amène,
« par l'application à l'industrie de sciences va-

« riées, à réunir le côté scientifique au côté pra-
« tique, mais cette position me met à même
« d'exercer une influence grande et moralisatrice
« sur une foule de gens dont l'existence est pé-
« nible et qui ont besoin d'être remontés et sou-
« tenus. Or, y a-t-il un plus beau rêve à réaliser
« dans la vie d'un homme, que de travailler, de
« se sentir utile et de faire quelque bien autour
« de soi ? »

Jenny n'avait pas perdu un mot de cette conversation, dont la conclusion l'émut vivement.
Quant à monsieur Osborne, il ne répondit rien à
ces dernières paroles, mais prenant la main de
George, il la lui serra silencieusement.

IV

— Eh bien! dit madame Smithson à son frère, quand ils furent seuls, il me semble que vous vous plaisez fort à causer avec votre nouveau voisin. Il a, du reste, l'air fort intelligent.

— Intelligent! dit monsieur Osborne; il ne manque pas de gens intelligents dans le monde. On trouve l'intelligence dans la rue, sous chaque pavé; mais, ce qui est rare, c'est cette supériorité qui fait distinguer clairement à un homme que l'utile et le bien sont une même chose et que le misérable égoïsme étroit dans lequel vivent presque tous les hommes est contraire non-seulement à leur devoir, mais à leur véritable intérêt; voilà ce que peu d'hommes ont! Une fois ce point bien fixé dans l'esprit, l'horizon s'élargit : on voit mieux, de plus haut et plus loin que le commun des hommes... Mais sais-tu quel est le nom de ce monsieur?

— Non; il n'y a rien d'inscrit sur le registre de l'hôtel.

— Au fait, je fais cette question sans y attacher grande importance : c'est un gentleman parfait, d'un esprit supérieur, d'un bon cœur, d'une énergie évidente, de fort bonnes manières. J'espère faire sa connaissance à fond et qu'il restera ici quelques jours. S'il veut se joindre à vous pour vos promenades, je n'y vois pas d'inconvénient. Et toi, ma sœur?

— Aucun : c'est évidemment un homme comme il faut; de plus, il nous a sauvés au Simplon d'un danger sérieux, et nous lui devons de la reconnaissance.

Jenny ne disait rien, mais elle était fort satisfaite du résultat de cette conversation; George lui plaisait décidément : « *Madame Graziani n'a rien exagéré* », se disait-elle. Elle regardait avec raison comme un avantage précieux de pouvoir étudier son prétendant à son aise et sans qu'il fût sur la défensive. Comment une jeune fille peut-elle démêler chez un homme qui lui fait la cour le faux du vrai? N'a-t-il pas tous les avantages de l'attaque? ne choisit-il pas le jour, l'heure et le terrain? La jeune fille qui doit se décider dans ces conditions est-elle sûre de savoir ce qu'elle fait? Non, certainement. Jenny, au contraire, avait pour elle tous les avantages; aussi elle comprenait parfaitement la force de sa situation.

Quant à George, il avait fait fort peu attention à madame Smithson et à sa fille; monsieur Osborne l'avait tellement accaparé qu'il lui eût été difficile d'être ailleurs qu'à sa conversation. Cette conversation lui avait du reste causé un vif plaisir, et il était très-heureux de rencontrer en voyage un homme comme monsieur Osborne, dont il appréciait parfaitement l'esprit fin, juste, supérieur et en quelque sorte aiguisé et surélevé par la maladie.

— Allons, se dit-il, je ne m'ennuierai pas pendant les deux ou trois jours que je compte passer à Macugnaga : beau temps, pays admirable, société aimable : que faut-il de plus à un pauvre touriste?

Il regarda machinalement dans le livre des voyageurs le nom de son voisin de table et vit *Guillaume Osborne and family, New-York*. Ce nom lui était parfaitement inconnu : " Quel malheur, " pensa-t-il, qu'un homme si bien soit si malade! " Il y a tant de gens absurdes qui se portent à mer- " veille! "

Le lendemain matin, monsieur Osborne, en descendant, regarda s'il ne voyait pas George, mais il n'aperçut personne dans la salle à manger; il s'informa si George était déjà descendu; on lui dit qu'il y avait une grande heure que son ami était parti en excursion. Cela le contraria vivement, et Jenny, tout en gardant un silence prudent, fut encore plus vivement contrariée : " Si nous perdons notre temps, se dit-elle, *il* re- " partira sans que j'aie la moindre idée arrêtée sur " son compte, cela est tout à fait insupportable. " Heureusement, que par une question adroite, elle apprit que George avait demandé le chemin du Belvédère : un seul sentier menant de ce côté, elle y dirigea la promenade, sûre de rattraper le temps perdu, et, au bout d'une demi-heure, elle fit arrêter la caravane ; il y avait justement là un endroit charmant pour le dessin, et Jenny demanda à s'arrêter, certaine de couper toute retraite à l'ennemi, puis, satisfaite de la réussite de cette petite manœuvre stratégique, elle se mit à travailler avec ardeur : deux heures se passèrent sans que personne ne vînt ; enfin, on entendit le bruit du fer de la grande canne alpestre qu'ont toujours les touristes dans ce pays, et le pas d'un homme.

— C'est lui ! pensa Jenny.

Et elle apprêta un gracieux sourire.

En ce moment, apparut, dans un gracieux costume du matin, monsieur du Rocher, qui, ce jour-là, par un courage extraordinaire, avait doublé sa promenade habituelle. Dieu sait si, au fond du cœur, Jenny lui envoya sa malédiction ; mais elle dissimula sa contrariété :

— Comment, monsieur, dit-elle avec une légère ironie, vous, si matin et si loin ? Vraiment, vous devenez un vrai touriste. Vous teniez cependant à vous ménager, m'avez-vous dit dernièrement. Vous semblez apprécier si parfaitement le repos.

— Sans doute, mademoiselle, le repos est un

des plus grands biens qui existe sur la terre, et, puisque nous sommes condamnés au travail et à la fatigue, chaque fois que nous pouvons y échapper, c'est autant de pris sur l'ennemi.

— Vous êtes, monsieur, plein d'une sagesse précoce; mais comment avez-vous fait ce matin exception à vos bons principes?

— Je suis parti avec ce monsieur qui est arrivé hier.

— Et vous l'avez abandonné?

— Du tout. C'est lui qui n'a pas voulu m'attendre; il a dit que je marchais trop lentement : là-dessus, il est parti en avant, me plantant là.

— Mais ce n'est pas aimable du tout, ce qu'on vous a fait là!

— Certainement, mademoiselle, ce n'est pas aimable du tout, et cela, sous le prétexte absurde qu'il voulait, avant le déjeuner, aller au Belvédère, puis faire le tour de cet immense cirque que vous voyez. Je vous demande un peu si cela a du bon sens : jamais il ne pourra être revenu pour l'heure du déjeuner.

— Que voulez-vous? Il mangera froid; ce sera sa punition.

« Pas de chance ! se dit Jenny. Le voilà parti !
« Il va faire le tour de ce cirque, rentrera ce soir
« éreinté, partira demain d'un autre côté, puis, un
« beau jour, on apprendra qu'il s'est en allé de
« grand matin et tout de bon. Et comment ferai-je
« alors ? C'est fort ennuyeux, tout cela ; ce n'était
« pas dans le programme. »

L'humeur de Jenny donnait un peu le ton à
l'humeur générale de sa famille ; d'après le principe de la justice du monde, monsieur du Rocher
paya la non-réussite des plans de Jenny ; il
voulut faire l'empressé, mais Jenny le renvoya
à monsieur Osborne, lequel le passa à madame
Smithson, qui, finalement, en eut pitié, et lui
donna son châle à porter comme fiche de conso-
lation.

En arrivant à l'hôtel, Jenny, qui avait l'oreille
fine, entendit le piano.

— Malheur à nous ! dit-elle ; il est arrivé des
étrangers et des pianistes par-dessus le marché.

— Ce n'est pas une dame qui joue, répondit
madame Smithson, au bout d'un instant ; il y a à
côté d'une grande douceur de jeu, par moment,
une énergie qu'un homme seul peut avoir. Mais

vraiment, ne te plains pas, Jenny, c'est fort bien joué, et cela semble de la belle musique.

En arrivant dans la salle à manger, ces dames aperçurent George. Il avait le dos tourné de façon qu'il ne put les voir et, discrètement, elles se glissèrent sur un canapé qui était à l'entrée de la pièce : George, qui ne s'était aperçu de rien, continua. Il jouait sans musique écrite, et semblait singulièrement absorbé par son exécution. — Le morceau fut d'abord d'un rhythme lent et se maintint dans les notes basses du piano ; peu à peu, le mouvement devint plus vif ; fréquemment, revenait un air tyrolien que les guides suisses chantent souvent dans la montagne : cet air se présentait chaque fois très-reconnaissable, mais légèrement modifié quant au rhythme et passait dans différentes tonalités, éveillant ainsi le souvenir sans fatiguer par la répétition. Il était ramené avec beaucoup d'adresse, après des oppositions variées, et George semblait avoir peine à l'abandonner tant il lui plaisait et tant il était entraînant ; enfin le mouvement se précipite et l'air atteint les octaves les plus élevées de l'instrument ; à peine entendait-on le piano ; quelques notes indiquèrent comme un lointain dans lequel l'air se perdait et le silence se fit.

— Bravo! bravo! s'écrièrent les deux dames.

— Comment, dit George, je me croyais complétement seul. Savez-vous que c'est une véritable trahison d'entrer ainsi, silencieusement?

— Nous sommes enchantées de ne pas vous avoir interrompu, dit madame Smithson : nous aurions beaucoup perdu, car vous avez joué d'une manière charmante ce morceau : mais de qui est-il?

— Il n'est de personne, madame; il n'a pas de nom et n'en mérite pas; c'est une simple causerie avec mon piano.

— Comment, monsieur, vous causez ainsi avec votre piano? Vous avez une faculté précieuse de composition.

— Chacun, madame, peut en faire autant; c'est une affaire d'habitude. On m'a enseigné la musique comme un moyen d'étudier les grands maîtres de l'art dans le but, non de me réduire au rôle de simple exécutant, mais de chercher, à mon tour, à exprimer moi-même par la musique quelques idées, de même que dans la littérature nous étudions les chefs-d'œuvre, ce qui ne nous empêche pas ensuite nous-mêmes, dans notre petite sphère, de parler et d'écrire... le moins mal possible, s'entend.

— Alors, sous une impression quelconque, vous vous mettez au piano et vous jouez, exprimant cette impression?

— Sans doute. Je joue, et si cette impression persiste, la musique que je fais s'en ressent nécessairement et l'exprime, plus ou moins imparfaitement, bien entendu : ou bien, la musique, réagissant sur mon impression, la modifie et se modifie elle-même; c'est, en quelque sorte, une rivière sur laquelle on s'embarque, se laissant doucement entraîner par le courant; de temps en temps, on donne un coup d'avirons et on regagne le bord.

— Mais il y a nécessairement un plan?

— Certainement, comme dans tout travail d'imagination. Seulement, le plan est très-général, très-élastique; on sait bien qu'on part d'une idée musicale, et on se propose d'arriver à un but, mais si, en marchant, on trouve un plus joli chemin, on le prend, abandonnant sans fausse honte le premier.

— En résumé, c'est une manière charmante

et vraiment musicale de faire de la musique.

— C'est charmant pour soi et personne ne peut croire les heures délicieuses qu'on peut passer ainsi ; mais c'est un plaisir égoïste, tout personnel et qu'on communique peu aux autres.

—Permettez-moi, monsieur, dit madame Smithson, d'être d'un avis tout différent du vôtre. Évidemment, dans un semblable système de composition, il y a des hauts et des bas ; on ne peut être également inspiré : les circonstances, la qualité de l'instrument, le plus ou moins de bonheur dans la recherche des idées donnent des réussites différentes. Il peut y avoir un peu de confusion dans certaines parties ; il y a nécessairement de l'incorrection dans l'exécution ; mais il y a une chose toujours charmante pour l'auditeur, c'est de sentir, sous cette musique, une âme qui vibre et non une machine qui exécute. Croyez bien, monsieur, qu'il y a des personnes capables de sentir cette impression, et maintenant, pour vous punir d'avoir injustement médit de vos auditeurs, je vous condamne à nous jouer un second morceau.

— Je le veux bien, madame, mais à la condition qu'il ne soit pas de moi.

— Vous êtes entièrement libre; choisissez.

George se remit au piano : l'air qu'il jouait était simple, court, original, d'un rhythme bizarre, mais très-expressif; après l'avoir joué une fois, George le chanta dans une langue sonore et accentuée qu'aucun des auditeurs ne comprenait, mais qui allait parfaitement avec la musique. La voix de George était franche, pleine, sympathique, et il en était bien maître : de plus, il s'accompagnait parfaitement, et l'accompagnement était difficile, se composant de deux parties qu'il fallait maintenir bien distinctes, et qu'on ne pouvait mieux comparer qu'à une arabesque, dont de vigoureux ornements entrelacés forment le premier plan, tandis que, dans un second plan, on aperçoit une foule de petites fleurettes délicatement et gracieusement semées. Sur cet accompagnement courait le chant lui-même : d'abord, doucement mélancolique, puis passant par une agitation croissante, et arrivant par une dislocation du rhythme et par d'étranges écartements des intervalles de tons, à l'expression du déchirement de l'âme; enfin, par un retour aussi heureux qu'imprévu à une harmonie plus douce, exprimant l'équilibre et des impressions plus calmes. Ce chant avait quatre couplets; mais tel en était le charme que, quand George eut fini, ses auditrices s'écrièrent très-sincèrement : Comment! C'est tout !

— Quelle étrange et belle musique! ajouta madame Smithson, qui était une bonne appréciatrice. Dites-moi vite de qui elle est.

— C'est un air arabe, chanté en arabe; il est intitulé : *Souvenir*, et a été rapporté d'Orient par un modeste et éminent artiste, qui a bien voulu me l'apprendre lui-même.

— Mais c'est tout bonnement un chef-d'œuvre, dit madame Smithson.

— C'est tout à fait mon avis, répondit George; il est intéressant de voir combien, dans cette composition, l'expression de la pensée par le son a été réussie. Je suis sûr que vous partagerez mon avis, qui est que la musique ferait deviner les paroles, et que leur association est complète et indissoluble.

— Je suis parfaitement d'accord avec vous.

— Cette musique qui a quelques siècles de date emprunte son effet le plus puissant, la douleur et le déchirement de l'âme, au mode des Grecs qu'on nomme le mode phrygien : dans ce mode qui n'avait que des intervalles d'un ton entier et qui nous semblerait abominable pour peu qu'on en abusât, on a trouvé des accents d'une puissance que rien ne peut dépasser.

—C'est vraiment beau ! dit madame Smithson, et il faudra, un peu plus tard, que vous nous répétiez ce morceau, car on ne s'en peut détacher. Vous avez fait, on le voit bien, de fortes études musicales.

— J'ai été élevé en entendant de la musique ; la musique a été de tout temps ma meilleure distraction ; pendant mes quatre années de séjour à Paris, à l'école préparatoire et à l'école centrale, j'ai pu avoir des leçons de bons maîtres et faire la connaissance d'artistes éminents. Je puis encore, chaque année, vers Pâques, entendre à Paris quelques bons concerts et recevoir d'utiles conseils; avec cet ensemble de circonstances, il est tout naturel que je comprenne la musique.

— Et, excusez mon indiscrétion, comment, avec les précieuses facultés que vous avez, n'êtes-vous pas vous-même artiste?

— Ceci tient à des raisons de plusieurs natures,

les unes de nécessité, les autres de choix. J'ai toujours considéré les arts comme la plus belle décoration que nous puissions donner à notre vie ; ils tendent à nous tenir l'esprit haut et nous empêchent de nous rapetisser et nous abêtir dans ce que la vie pratique a de trivial. Mais, à moins de se considérer comme un homme d'un génie éminent, tout à fait hors ligne, et c'eût été de ma part une fatuité ridicule de me considérer comme tel, j'estime que les arts remplissent dans notre vie un rôle d'agrément et de perfectionnement très-utile, mais ne peuvent faire le fond même et le but exclusif de notre vie. Le travail professionnel est la base sérieuse, solide, pratique de la vie, et il est prudent, je le crois, d'éviter de se perdre dans les nuages comme de ramper à terre ; l'homme est bâti pour vivre entre les deux : c'est pourquoi je suis ingénieur de profession et, s'il se peut, artiste à l'occasion.

A ce moment, Franz-Lockmatter interrompit la conversation pour annoncer que le déjeuner était servi. Monsieur Guillaume Osborne s'empara, à partir de là, de George et le considéra si bien comme sa propriété qu'il l'empêcha de pouvoir dire un mot à ces dames, lesquelles n'eurent d'autre ressource que de causer entre elles, ou avec monsieur du Rocher qui, du reste, devenait de plus en plus aimable.

Cet homme avait appris certaines pratiques de la vie qui devaient incontestablement lui être utiles : il avait, entre autres, une curiosité excessive, pensant qu'il y a toujours, à un moment donné, profit à tirer de la curiosité, en la dissimulant avec soin toutefois ; sa grande préoccupation, sa seule pensée constante était le profit que gens ou choses pouvaient lui rapporter. Sur ce point, l'activité ne lui manquait pas. — Il avait su tirer, par des questions insinuantes, de monsieur Osborne, son adresse à Paris et avait eu soin d'écrire immédiatement pour avoir sur lui et sur sa famille des renseignements précis. La réponse venait de lui arriver et on lui faisait connaître exactement la fortune de monsieur Osborne et celle de la famille Smithson ; immédiatement, le parti de monsieur du Rocher fut pris, et il se décida à faire la conquête en règle du cœur de la jeune Américaine.

« J'ai moi-même de la fortune, se dit-il, et je

« puis parler de mes terres et de mes métayers ;
« j'arrondirai au besoin les unes et je multiplierai
« les autres ; c'est de bonne guerre. J'ai la parti-
« cule noble et rien ne fascine plus ces filles de
« la grande République que la noblesse. Je suis
« d'ailleurs un beau garçon et ai plus d'esprit
« qu'il n'en faut. De plus, je suis seul ici, par
« conséquent sans comparaison qui me nuise, ce
« qui est une bonne condition pour paraître très-
« parfait, car, quant à ce coureur de montagnes
« qui se perd avec monsieur Osborne dans d'in-
« terminables dissertations philosophiques, il est
« tant occupé de l'amour du genre humain qu'il
« ne compte pas ; d'ailleurs, il va partir d'un
« jour à l'autre et je resterai, moi ! En avant donc,
« du Rocher ! Elle est charmante, cette Améri-
« caine, et puis, il y a au bout de tout cela une
« belle fortune. Je sais bien que ces diables
« d'Américains ont la stupide coutume de ne pas
« donner de dot à leurs filles, mais ils ne sont pas
« éternels, que diable ! D'ailleurs, je saurai bien
« piquer l'amour-propre de ce parvenu de père ;
« il faudra bien qu'il lâche quelques cent mille
« dollars par pure vanité ; je ferai au début le

" désintéressé, mais ce sera pour avoir la main
" toute grande ouverte. "

Il y avait bien en travers de ce beau projet la
question de religion, car Jenny était protestante :
mais cette objection ne se présenta qu'en dernier
lieu, quand toutes les autres étaient déjà résolues ;
or, quand un projet caressé n'est plus arrêté que par
une seule objection, c'est généralement une digue
trop faible pour arrêter le torrent : il passe outre.

— Bah ! se dit le jeune homme, je la converti-
rai plus tard !

Ainsi fut conclue cette petite capitulation de
conscience.

Il ne doutait de rien, monsieur du Rocher, et
surtout pas de lui-même. Sa beauté, dont il était
très-fier, était réelle et irréprochable, mais froide
et sans expression ; sa conversation était vive et
amusante, mais se composait de la monnaie ordi-
naire des salons, monnaie bien creuse et bien légère,
comme chacun sait ; le fond des idées était chez lui
presque exclusivement affaire de mémoire ; il bro-
dait avec facilité et gracieusement sur ce qu'il avait
entendu dire autrefois à ses professeurs et ce qu'il
entendait dire depuis à un chacun. Mais en tout, il

vivait d'autrui : il n'y avait en lui aucun fond propre, rien résultant d'un effort d'esprit. Sa noblesse
à laquelle la faiblesse de son intelligence lui faisait
attacher un grand prix, était de celles qui se discutent et ressemblait à ces territoires mal définis,
qui appartiennent tantôt à un pays, tantôt à un
autre, car sa famille avait été tantôt de la noblesse, tantôt de la roture, s'appelant tour à tour
du Rocher en deux mots, ou Durocher tout court ;
la tenacité et quelques bonnes protections avaient
fini par faire tolérer par l'administration, qui a la
bonté d'âme de s'occuper de semblables questions,
le du Rocher en deux mots. Enfin, la fortune de
monsieur du Rocher, grossie par une stricte économie, non divisée, car il était seul enfant, et presque
toute en terres, s'élevait à une trentaine de mille
livres de rentes.

L'économie est une belle chose quand elle s'ap-
plique à un but utile ; l'homme qui crée ainsi le
capital nécessaire à l'éducation de sa famille, celui
qui arrive, à force de travail combiné avec l'é-
pargne, à mettre en mouvement une exploitation
agricole, industrielle ou commerciale sont dignes
de tout respect, mais celui qui n'économise que

dans le but de s'épargner tout travail, est un des êtres les plus méprisables de la terre : son économie a un caractère vil ; elle donne à son esprit un pli faux et étroit, car tel est le vice de l'oisiveté, qu'elle-convertit en défaut odieux ce qui chez les hommes de travail serait une qualité précieuse.

Monsieur du Rocher avait donc l'esprit étroit, égoïste et faux des hommes qui n'ont qu'une préoccupation dans leur vie : conserver et agrandir leur fortune sans travail. Tout, dans sa conduite, dans ses idées, découlait de cette pensée : c'était pour cette raison, et avec logique du reste, qu'il regardait le genre humain comme voué à une sorte d'esclavage nécessaire pour qu'il pût y avoir quelques hommes se croisant les bras. Mais, comme nous l'avons vu, s'il était d'habitude indolent, au contraire, quand son intérêt était en jeu, il y avait chez lui une activité étonnante.

Il ne perdit pas son temps, et, profitant de l'abandon où monsieur Osborne et George laissaient madame et mademoiselle Smithson, il cribla ces dames et Jenny surtout d'attentions, de petites prévenances et de compliments, avec lesquels il crut se mettre en très-bonne voie. La flatterie est chère aux rois et aux dames, et, quand elle est faite avec esprit, elle atteint généralement son but. — Monsieur du Rocher fut fort aimable, et madame Smithson s'amusait fort de sa conversation : Jenny répondait vivement de son côté ; mais, fréquemment distraite par l'examen qu'elle faisait de George, elle fut loin de ressentir l'effet que voulait produire sur elle monsieur du Rocher, auquel quelques succès donnaient beaucoup de confiance, et qui se considérait un peu volontiers comme un vrai casseur de cœurs.

Pendant ce temps, monsieur Guillaume Osborne et George s'étaient engagés dans une longue discussion philosophique sur l'organisation du travail et, en particulier, sur la délicate question des rapports du capital et du travail, question si compliquée par d'injustes défiances réciproques, et que le bon vouloir d'hommes supérieurs et de bonne volonté peut seule résoudre *successivement*, en introduisant dans la pratique des choses des améliorations journalières, en instruisant, par le bon exemple, les déshérités de la terre, en réduisant enfin chaque jour, le plus possible, le terrain inculte abandonné à l'ignorance, aux vices et à la misère, qui est la mère de tout mal.

George avait tout ce qu'il faut pour pouvoir traiter une semblable question : un cœur généreux, un esprit élevé au-dessus de l'intérêt immédiat et cependant positif par nature et garanti contre toute théorie creuse par l'expérience.

Le travail se compose de trois parties bien distinctes : l'invention, la direction, l'exécution. Bien qu'un même homme puisse remplir ces trois fonctions, elles correspondent à des facultés d'esprit très-distinctes et il est difficile d'admettre qu'un même homme les réunisse toutes. Cependant le travail de direction ou celui d'exécution, quand il est entrepris par un homme d'imagination, peut très-bien se combiner avec l'invention, non pas avec cet esprit d'invention qui s'attaque à tous les sujets et qui, généralement, faute de connaître les sujets qu'il entreprend, n'aboutit à rien de pratique et d'utile, mais avec l'esprit d'invention qui, suivant les lois de toute composition, sait se limiter et qui, connaissant les principes sur lesquels reposent les procédés usités dans un travail spécial, y crée un progrès qui reste acquis à l'humanité.

George avait les facultés et les connaissances nécessaires à la direction et à l'invention; il était lui-même l'auteur de plusieurs améliorations industrielles intéressantes et il avait dû la position élevée qu'il occupait à une circonstance qui témoignait de son bon cœur en même temps que de la fermeté et de la perspicacité de son esprit. Un jour, un malheureux inventeur arriva proposer aux chefs de sa maison une machine qui devait introduire dans le travail que George dirigeait un perfectionnement très-important ; ce malheureux homme, qui était un ancien contre-maître de fabrique, avait dépensé vingt ans de sa vie et toutes ses économies pour mener à bonne fin son invention. Partout où il s'était présenté, il n'avait trouvé qu'indifférence, sotte raillerie et refus de concours. George, frappé du principe excellent sur lequel reposait cette idée, ne chercha pas à critiquer quelques détails, car toute chose, si parfaite qu'elle soit, a des détails défectueux et c'est en s'attachant à ces points secondaires que les esprits paresseux et infatués de routine repoussent tous les jours et condamnent au néant des idées excellentes. Il décida sa maison à mettre en construction la machine proposée, en suivit avec soin l'exécution et y introduisit des améliorations dont il eut la modestie de ne pas même parler. Deux ans se passèrent ainsi et il arriva un moment où le compte de frais de cette affaire devint si considérable qu'il effraya tout le monde; George fit maintenir en train les travaux d'essais en offrant de fournir, au besoin, lui-même, une partie des fonds nécessaires et, finalement, cette affaire réussit au delà de tout espoir, le pauvre inventeur fut largement indemnisé et George, mis par le fait en évidence, devint ingénieur en chef de sa maison.

La conversation fut interrompue par le bon Lockmatter qui vint proposer à George de partir le lendemain matin pour faire l'ascension du Pizzo Bianco, pic isolé de la chaîne du Mont-Rose, d'où on a une vue splendide sur l'ensemble du versant méridional des Alpes.

George accepta. Jenny intervint :

— Les dames, dit-elle, peuvent-elles faire cette excursion?

— Certainement, répondit Lockmatter; elle est fatigante, mais n'offre aucun danger; on peut même se faire porter en chaises jusqu'au sommet.

— Alors, j'irai, dit monsieur Osborne.

— Et nous aussi, dit madame Smithson.

— Et vous, monsieur, dit malicieusement Jenny à son aimable voisin, le soin de votre santé et la conservation bien entendue de votre personne vous permettent-elles de prendre part à cette entreprise?

— Pour être avec vous, répondit monsieur du Rocher, j'irais partout.

— Surtout quand il y a des chaises à porteurs, lui répondit en riant Jenny.

— Nous comptons sur vous, monsieur, dit à George madame Smithson, pour toute l'organisation des choses : nous n'avons pas l'expérience de ces sortes d'entreprises qui, au contraire, vous sont familières. Arrangez donc tout; vous êtes notre général en chef.

— J'accepte le commandement que vous me confiez, répondit George.

La moindre ascension dans les Alpes, surtout lorsqu'elle se fait avec des personnes peu habituées à ces voyages, est chose assez compliquée;

il y a le plan général à faire qui doit tenir compte des probabilités du temps, des distances à franchir, de la somme de fatigues que chacun peut supporter ; il faut songer aux moyens de transport, aux vivres, veiller à ce que tout le monde ait en quantité suffisante les divers vêtements nécessaires ; tout doit s'exécuter ponctuellement ; il est nécessaire qu'un ordre convenable préside à la marche ; il est essentiel que les guides et les hommes de transport ne commettent et ne laissent commettre aux voyageurs inexpérimentés aucune imprudence. La haute direction de ces entreprises n'est donc pas une sinécure, mais George connaissait si bien tout ce qu'il y avait à prévoir, qu'une semblable organisation était un plaisir pour lui.

Il calcula qu'il faudrait cinq heures pour l'ascension et quatre heures pour la descente, car la montagne est raide ; il retint trois chaises à porteurs, l'une pour monsieur Osborne, l'autre pour madame Smithson, la troisième pour monsieur du Rocher ; quant à Jenny, elle avait déclaré bravement qu'elle marcherait. — George avait pour principe que tout le monde marche bien, quand on part de bon matin et qu'on profite de la fraîcheur des

premières heures pour atteindre les points élevés;
aussi, il décida qu'on partirait à quatre heures du
matin et commanda tout le monde pour trois
heures, afin de n'avoir pas de retard; on devait
déjeuner sur le pic et revenir à l'hôtel pour le
dîner.

La caravane se composait de George, de la
famille Osborne, de monsieur du Rocher, de
Franz Lockmatter, de douze porteurs pour les
chaises et de deux porteurs pour les vivres; elle
partit exactement à l'heure indiquée, ce qui est
pour un chef d'excursion un premier et important
succès. L'ascension se fit convenablement; Jenny
Smithson, qui seule eût pu donner des inquiétudes,
grimpait comme une chèvre; en refusant une
chaise à porteurs, elle avait eu, outre le désir de
faire preuve de vaillance, un but secret; elle avait
calculé que monsieur Osborne, porté dans sa
chaise, serait obligé de rendre sa liberté à George,
qui nécessairement se trouverait avec elle, s'occu-
perait d'elle, et avec lequel elle pourrait enfin
avoir une conversation. Malheureusement, ainsi
qu'il arrive presque toujours, les projets les
mieux conçus sont dérangés par de petits inci-

dents; ici, l'incident fut le brave Franz Lockmatter. Georges marchait, il est vrai, près de
Jenny et avait d'elle un soin attentif, mais la pré-
sence de Lockmatter et son intervention continuelle dans la conversation ne permettaient pas à
Jenny d'avoir avec George le moindre entretien sérieux. A chaque instant Lockmatter donnait des
détails, très-précieux sans doute, sur le nom des
montagnes et des glaciers environnants et y ajou-
tait ses souvenirs personnels : là, il avait été en-
glouti par une avalanche, avait glissé avec elle
sur un plan incliné d'un millier de mètres et
ne s'était sauvé que par miracle; ici, avait péri
sous ses yeux, dans une crevasse de glacier, un de
ses compagnons de voyage; plus loin, il s'était
perdu dans des rochers en poursuivant un cha-
mois, avait été surpris par le brouillard et était
resté vingt-quatre heures sans manger et sans pouvoir avancer. Tout cela, dit simplement, sans hâ-
blerie, avec expression, intéressait vivement
George, et eût aussi intéressé vivement Jenny dans
tout autre moment, mais ce jour-là tout semblait
vouloir contrarier ses secrets désirs et elle maudis-
sait de bon cœur les glaciers, les chasseurs de cha-

mois et le bon Lockmatter par-dessus le marché.

Cependant on montait, on traversa d'abord la vallée fraîche et brillante de la rosée du matin, puis des bois de sapins d'une senteur que chacun aspirait à pleins poumons, plus haut des prairies coupées de rochers et d'arbrisseaux rabougris dans lesquelles tintillaient les clochettes de grands troupeaux de vaches qui soulevaient leurs têtes et fixaient leurs beaux yeux si doux sur la caravane, plus haut encore, des pentes d'un gazon court, rare, mêlé de longs bancs de schiste ravinés par les eaux, puis les premières flaques de neige entrecoupant un sol écaillé et en décomposition, enfin le blanc manteau de neige éternelle qui pendant la dernière heure de marche couvre uniformément ce pic. — Le temps était frais ; la neige ferme résistait bien sous le pied, mais l'air devenait de plus en plus rare et les porteurs de chaises qui, au début de l'ascension, fournissaient une longue carrière sans s'arrêter, à chaque instant posaient leur fardeau, se relayaient et s'arrêtaient haletants. Leur fatigue devint telle que plusieurs fois, malgré sa faiblesse, monsieur Osborne essaya de marcher, madame Smithson en fit autant, appuyé sur le bras que George lui avait offert; le bon Lockmatter crut, de son côté, devoir offrir son bras à Jenny; mais celle-ci, furieuse de voir George lui échapper de nouveau, s'écria qu'elle n'était point fatiguée et s'élança en avant. Quant à monsieur du Rocher, il se fit porter par ses porteurs jusqu'au bout, impitoyablement, sans leur faire grâce d'un pas.

— Je les paie pour cela, se dit-il.

— Quand arriverons-nous donc? dit monsieur Osborne. Dans ces maudites ascensions, les hauteurs semblent s'emboîter les unes dans les autres et quand, péniblement, on en a franchi une et qu'on se croit arrivé, on en voit devant soi une nouvelle encore plus haute. C'est décourageant!

— Victoire! cria en ce moment Jenny, en agitant son mouchoir. Elle était parvenue sur l'étroit plateau de douze mètres environ de longueur sur deux de large qui constitue le sommet du Pizzo Bianco.

Elle avait au moins dix minutes d'avance sur le reste de la caravane, tant sa course avait été vive.

— Mademoiselle, lui dit George, quand le gros de la troupe l'eut rejointe, permettez-moi de vous offrir ce petit bouquet d'anémones que j'avais réservé pour le premier de nous qui aurait atteint ce sommet; j'avais, je l'avoue, quelque pressentiment que ces fleurs seraient pour vous.

— Merci, monsieur, dit Jenny en rougissant légèrement.

— Oh! dit monsieur du Rocher, mademoiselle est aussi belle que vaillante, et la marche semble lui convenir à merveille. Cette longue ascension n'a fait que colorer légèrement son visage, et cela lui va à ravir.

— Vous n'avez pas, lui répondit Jenny, les mêmes raisons d'embellissement, car vos efforts n'ont pas été pénibles, mais vos pauvres porteurs sont sur les dents et trouvent, je crois, d'un poids respectable votre délicate personne.

— Ils voudraient bien, tous les jours, faire d'aussi fructueuses journées, répliqua monsieur du Rocher, en souriant.

— Offrez-leur donc au moins un cigare, lui dit sèchement Jenny.

V

Après s'être reconnus les uns les autres, s'être
enveloppés de tous les châles et couvertures que
George avait fait prudemment apporter, chacun
regarda curieusement l'immense et splendide spectacle qui se déroulait sous les yeux : en face,
presque tout le massif méridional du Mont-Rose,
les cimes du Lyskam, du Breithorn, du Dufour-
Spitze, de la Cima di Jazzi ; plus loin, la longue
chaîne étincelante des Alpes, se prolongeant
jusque vers le massif du Mont-Blanc, et, de là,
cette autre chaîne des Alpes, qui, formant presque
un angle droit avec le Mont-Blanc, descend vers

la Méditerranée; en arrière, les hauteurs qui vont en s'abaissant successivement jusqu'aux immenses plaines de la Lombardie, rochers abruptes d'abord; puis, ensuite, collines verdoyantes et, au fond, le bleu lac Majeur. Le soleil était radieux, et les lignes blanches des neiges éternelles tranchaient vivement sur le bleu du ciel; quelques vapeurs seulement s'élevaient des glaciers et tourbillonnaient autour des pics, indiquant, par leur évaporation, l'énorme réservoir d'eau gelée qui couvre ces montagnes. L'œil suivait avec étonnement ces longues lignes déchiquetées, ces pics entrecroisés, ce chaos gigantesque, et se perdait dans le détail de cet immense panorama, et, cependant, il semblait qu'on n'eût qu'à étendre la main pour toucher le sommet de ces géants des Alpes, que plusieurs jours de marche pénible et dangereuse permettent à peine à d'intrépides touristes d'escalader; à cette hauteur, on éprouvait vivement cette impression délicieuse qu'a toujours rêvée l'homme, et qu'il n'a pu qu'imparfaitement réaliser jusqu'ici, *on planait.*

Monsieur du Rocher arracha la société à cette

contemplation, en s'écriant tout à coup : « C'est splendide ! splendidissime ! Mais, seigneur capitaine, nous devons tous avoir faim. Pour moi, je me sens d'une faiblesse incroyable ; sûrement, je vais périr, si vous tardez à nous faire déjeuner. »

— Vous êtes bien pressé, lui dit George.

— Vite, dépêchez-vous, répondit monsieur du Rocher. Je m'en vais.

Le fait est qu'il devenait pâle et semblait prêt à tomber en défaillance. George le remit en lui faisant avaler quelques gouttes de chartreuse ; puis, il fit descendre à la caravane quelques centaines de pas vers le midi. Là, derrière un rocher à pic, se trouvait une petite prairie de cinquante mètres environ, en tous sens ; cette prairie, garantie par la montagne des vents du nord et par des rochers des courants d'air froid causés par les masses de neiges environnantes, était doucement chauffée par les rayons du soleil, et la neige y était à peu près entièrement fondue depuis quelques jours ; aussitôt, avaient presque subitement éclos de grosses violettes des Alpes, qui ressemblent à des pensées et ont un parfum fin et enivrant ; de belles gentianes, des crocus sauvages, des mousses vaporeuses : toutes ces plantes avaient cette délicatesse, cette finesse idéale qu'on ne trouve qu'à cette hauteur, au milieu de cette pureté d'air et de cette fraîcheur constante. Jenny et sa mère poussèrent un cri d'enthousiasme, quand George, leur montrant cette délicieuse oasis de parfums et de grâces délicates de la nature, leur dit : " Mesdames, voici votre salle à manger. Convenez " que jamais reine dans le monde n'en eut une " semblable. "

Rien n'est gai comme un déjeuner sur l'herbe, quand on l'a gagné par une bonne marche, que le temps est beau, que le site est pittoresque ; peu importe alors la quantité et la qualité des mets : un morceau de pain, un verre de vin, un peu de viande froide constituent un repas délicieux. Le déjeuner commandé par George était toutefois plus raffiné ; il avait ajouté à ce fonds indispensable bien des délicatesses. D'abord, avec quelques pierres il fit organiser une petite cheminée, dans laquelle on fit cuire un excellent bouillon Liebig, avec du fromage, à la mode italienne ; une salade de pommes de terre mélangée de mayonnaise et d'une foule d'ingrédients fort bons, prouva que George n'était pas absolument dépourvu de connaissances culinaires ; un café exquis, ce complément indispensable de tout repas, fut vivement apprécié, et monsieur Osborne tira, d'une petite caissette parfumée, de fins cigares de la Havane, dont les Américains ont seuls le secret. Si on tient compte de la bonne disposition de chacun, du milieu dans lequel on se trouvait, de cette bonne petite oasis délicieusement parfumée et doucement chauffée par le soleil, on enviera certainement le sort de nos excursionnistes. — Après le déjeuner, on s'étendit sur les couvertures ; monsieur Osborne qui, dans son état maladif, avait fait un véritable effort en exécutant cette ascension, même en chaise à porteurs, ne tarda pas à s'endormir, et monsieur du Rocher, fort sorti, lui aussi, de ses habitudes, suivit son exemple. George se trouva donc seul avec madame Smithson et sa fille ; pendant quelque temps, l'attention de ces dames fut uniquement absorbée par le spectacle qui, à perte de vue, s'étendait sous leurs yeux : l'admiration profonde est silencieuse et, de plus, l'heure de la journée, la fatigue de l'ascension, la béatitude du repos disposaient au calme ;

l'esprit se laissait doucement flotter de cime en cime, suivant ou les longues lignes des montagnes et des vallées, ou les vapeurs flottantes dans l'espace, ou s'attachant aux délicatesses du tapis de fleurs exquises sur lequel campait la caravane. Jenny était comme ravie dans un autre monde; madame Smithson aussi garda longtemps le silence. Enfin, s'adressant à George et lui tendant la main :

— Merci, monsieur! lui dit-elle avec effusion. Que de grandes et belles choses vous nous faites voir! Sans vous, elles auraient été pour nous comme si elles n'eussent pas existé; ce spectacle est une révélation et nous vous la devons. Je comprends bien maintenant votre enthousiasme pour ces beaux voyages, et pourquoi vous prétendez qu'ils ont leur utilité; ils élèvent l'âme, la dégagent de la petitesse de la vie courante, et il est sain pour nous qu'il y ait des circonstances où nous soyons en face de choses vraiment sublimes; longtemps, nous portons en nous, sans nous en douter, les impressions de semblables journées.

— Je crois, en effet, dit George, qu'il s'opère en nous, à notre insu, continuellement, une transformation des impressions que nous recevons et on serait fort étonné, si on pouvait suivre la métamorphose qui se fait ainsi, de reconnaître que tel vers de poète est devenu ligne ou couleur sous la main inspirée d'un peintre, que telle phrase musicale d'un grand compositeur, quelquefois oubliée, a eu une influence sur nos idées, jusque dans la vie pratique. C'est pourquoi, au point de vue de l'art, comme à celui du travail, comme à celui de la morale, l'influence des milieux est si décisive. Outre cette influence générale qui n'est pas contestable, car de notre nourriture morale et intellectuelle dépend la santé de notre esprit et souvent même, par conséquence, celle de notre corps, il y a un sentiment spécial que développent les grands spectacles de la nature, c'est *le sentiment de l'impersonnalité*, le plus grand, le plus beau, le plus sain qu'un homme puisse avoir, celui qui le transforme le plus, car si à ce sentiment profond se joint l'énergie, le caractère d'un homme est bien près du type de la perfection.

— Quel sens exact donnez-vous à ce mot : *impersonnalité?* dit madame Smithson. Je vous ai déjà plusieurs fois entendu vous servir de cette expression, à laquelle vous donnez, je le crois, un sens un peu spécial, et vous savez qu'il n'y a rien de plus important, pour s'entendre, que de bien définir les choses et les mots.

— Je suis obligé, répondit George, pour vous expliquer mon idée d'entrer dans quelque développement.

— Nous vous écoutons.

— Nous apportons dans le monde, en naissant, un instinct vif de conservation, qui a, comme but, de maintenir notre existence ; sans cet instinct, nous n'exercerions aucun effort dans la grande lutte pour la vie, que tout être est obligé continuellement d'engager. Cet instinct est donc, en lui-même, une chose naturelle et par conséquent essentiellement bonne et saine ; toutefois, poussé à l'excès, il nous habitue à ne nous occuper que de nous, ce qui est un défaut grave. Si cette disposition à ne nous occuper que de nous ne va pas jusqu'au détriment des droits d'autrui, c'est de la *personnalité*; si elle ne respecte pas les droits d'autrui, elle devient l'*égoïsme*. — L'égoïsme est le plus odieux des vices, et non-seulement il est souverainement méprisable, mais en outre, il finit par tourner contre l'homme qui en est atteint; il le prive des satisfactions que donne l'accomplissement d'un acte généreux, satisfactions les plus vives qu'on puisse avoir dans ce monde; de plus, il rend l'esprit étroit et incapable de grandes choses; il le paralyse. Quant à la personnalité, elle est non un vice, mais un défaut grave d'esprit, qui tend à nous faire voir les choses sous un jour spécial et faux; comme l'égoïsme, elle nous paralyse et nous rend incapables de grandes choses.

L'impersonnalité, au contraire, est la qualité qui empêche le développement excessif de notre individualité et qui, sachant voir les choses, non à notre point de vue exclusif, mais sous leur jour vrai, sait distinguer les circonstances où il est nécessaire que notre action soit engagée isolément de celles où elle doit être engagée collectivement, et qui, dans ce dernier cas, ne se fait que la part légitime qui nous revient; l'impersonnalité agit donc, dans certains cas, contre cet instinct naturel qui nous pousse à ne considérer que nous et elle nous force à comprimer cet instinct, soit par esprit d'équité envers les autres, soit dans l'intérêt du but à atteindre.

Je vais prendre des exemples : dans l'exécution d'un morceau de musique, si la composition a été faite par un seul exécutant, il n'y a aucun inconvénient à ce que cet exécutant se trouve mis en relief et que l'assemblée entière admire son talent, à la condition, toutefois, que le désir de faire valoir sa virtuosité ne lui fasse rien sacrifier du sentiment du morceau : mais si, au contraire, la composition a été faite pour plusieurs exécutants, il y aurait un inconvénient immense à ce que l'un des exécutants voulût faire briller son mérite et se faire remarquer plus que ses associés exécutants. On peut dire, qu'aucune musique ne serait possible dans ces conditions ; il faut donc, en pareil cas, que le désir naturel qu'a l'artiste de se faire valoir soit effacé et remplacé par le désir de faire valoir la musique du maître qu'il interprète et de l'entendre interprété avec art. Alors, il sera possible de faire briller, dans tout son éclat, sous une de ses plus belles formes, un éclair du génie humain. Sans cet esprit d'impersonnalité, l'exécution eût été impossible.

Or, quand on y réfléchit, presque toutes les choses réellement grandes, belles, durables sont

non l'œuvre d'un homme, mais celle de plusieurs ;
à de semblables monuments, il a fallu souvent
que des milliers d'êtres humains se dévouent
obscurément, avec impersonnalité. Et dans les
choses d'art elles-mêmes, qui semblent cependant
l'œuvre d'un seul homme, outre que cet homme
est en grande partie l'expression du milieu dans
lequel il s'est trouvé, il faut, pour être vraiment
grand, que son travail ait été fait avec impersonnalité, c'est-à-dire avec l'oubli de sa chétive personne et seulement avec l'amour infini et désintéressé de l'art.

Ainsi, rien de grand, rien de beau, rien de
vraiment utile ne peut se faire par les hommes
que si l'étroite considération de notre personne
a été refoulée par la force de l'impersonnalité.
C'est, au contraire, à ce misérable sentiment de la
personnalité que nous devons toutes ces tristes
figures que l'histoire vénale et plate a cherché à
illuminer, tous ces poseurs de tous les temps se
drapant dans la vertu et le mérite d'autrui qu'on
est convenu d'appeler grands, ces Auguste qui
ont volé la liberté de leur pays et n'ont eu que le
mérite de pensionner Virgile et Horace en leur

jetant un peu de cet argent qu'ils arrachaient au travail des peuples, ces Louis XIV dont la vie s'est passée à tout rapporter à eux et au compte desquels on porte le mérite des grands hommes leurs contemporains, ces Napoléon qui ont fait tuer cinq ou six millions d'hommes et plongé finalement leur propre pays dans une ruine profonde, uniquement pour fonder leur renommée. Le gros du genre humain, qui est, en somme, idiot, se laisse prendre à ces grandes réputations; mais que laissent-elles derrière elles ? Rien, car la personnalité est nécessairement un obstacle à la marche de l'humanité.

L'impersonnalité est, au contraire, le caractère essentiel de ces grandes figures de toute sorte, des vrais artistes, des grands penseurs, des grands politiques. Nous la trouvons, cette vertu, chez ces grands créateurs, types de modestie et de dignité; nous la trouvons chez les grands philosophes, chez les prophètes et chez ces hommes qui, voyant en avant, ont été les novateurs et généralement les persécutés de leur temps; nous la trouvons chez ces politiques qui ont fait du bien et ont laissé derrière eux des nations honnêtes, fortes et grandes. Chez tous ces hommes, la préoccupation n'a pas été de monter sur un piédestal et de se faire applaudir par des foules trompées ou perverties : loin de leur esprit a été la pensée d'abaisser les hommes pour créer une différence de niveau qui fît paraître grande leur taille de pygmée ; ils ont eu, *ces vrais grands hommes*, un but unique, celui de faire bien et d'élever ainsi le niveau général du genre humain !

L'impersonnalité est donc tellement le caractère essentiel de tout homme grand, qu'on peut toujours, à cette mesure, savoir si un homme est simplement intelligent, ingénieux, ou s'il est vraiment grand. La vraie grandeur, la vraie supériorité sont incompatibles non-seulement avec l'égoïsme, mais même avec la personnalité, qui est le propre d'un esprit médiocre, sans portée, car tout homme ne vaut que par son caractère, qui est la charpente solide soutenant l'édifice, le moteur animant tout, et il ne peut y avoir de caractère grand que là où l'intérêt et la vanité sont mis de côté pour marcher droit à un but élevé.

Eh bien ! ce don divin de l'impersonnalité, source de tout dévouement, de toute élévation, de toute vue vraiment supérieure, rien ne la développe plus en nous que le spectacle de la grande nature. Devant une vue sublime comme celle que nous avons en ce moment, à cette place qui nous fait paraître petites même des masses d'énormes montagnes, notre esprit n'est pas disposé à s'occuper des mesquines vanités qui remplissent notre vie courante; il brise les liens étroits qui nous attachent terre à terre : à ce moment, tout cela n'existe plus : nous n'apercevons pas plus ces petites choses que les accidents de terrain qui sont au fond des vallées. Devant cet infini, nous ne voyons que le peu que nous sommes, le peu que nous durons, le peu que nous vaut la personnalité, qui ne bâtit, en somme, que des châteaux de cartes, et, jetant de côté ce sentiment étroit, comme on jette un vêtement gênant et disgracieux, nous n'avons plus qu'une pensée : faire bien, c'est-à-dire *travailler et penser aux autres !* Là est le but de la vie. Indigne celui qui se croise les bras! Indigne celui qui ne pense qu'à lui ! Indigne celui qui ne pense qu'à la pose qu'il aura dans ce monde !

Jenny et sa mère écoutaient George avec

admiration : l'élévation de ses pensées, le feu, l'énergie, l'enthousiasme avec lequel elles étaient exprimées, remplissaient et agitaient leur cœur. George, à ce moment, était vraiment beau, beau non pas seulement par les proportions de son corps ou par les traits réguliers de sa figure, mais beau par le feu qui l'animait, beau par la foi du prophète qui l'entraînait, beau par l'émotion et la conviction. Son regard et son geste étaient entraînants; il illuminait et soulevait; à ce moment, il eût fait signe de se jeter dans les précipices qui étaient à ses pieds et on s'y fût jeté. C'est par ces éclairs d'enthousiasme, de foi, d'abnégation qu'on fait faire aux hommes de grandes choses; c'est sous cette influence que les soldats se font tuer, que les croyants meurent pour leurs croyances, que l'homme donne sa vie pour la cause qu'il défend : quand ce feu est dans l'âme d'un homme, cet homme est capable de tout, même de faire des miracles.

George s'était peu à peu excité en développant son idée, et quand il arriva à la conclusion, il était au comble de l'émotion; juste à ce moment, son regard croisa celui de madame Smithson; il y eut, dans cet instant, entre ces deux êtres une communication secrète, électrique, une rapide et vague intuition qui fondit et fusionna leurs âmes dans un même sentiment, le besoin d'aimer.

George, élevé de bonne heure à l'école du travail, de la responsabilité, du désir de faire bien, concentré, mystérieux presque dans ses affections qu'il cachait pudiquement en lui-même, avait en lui un trésor de dévouement, de besoin d'affection accumulé, et la nature, qui l'avait constitué richement, avait mis dans son cœur un vif besoin d'aimer : le travail, la vie calme et fatigante de la direction des travaux d'usine avaient retardé l'heure de l'épanouissement, mais en le retardant et le refoulant, ces sentiments en avaient augmenté l'intensité. Ainsi, un torrent dont on barre le passage et dont on retarde le cours, subitement rompt tout et brise sa digue, emportant au loin dans sa course furieuse les faibles obstacles qui devaient l'arrêter. L'heure d'aimer avait sonné pour George; une étincelle devait le mettre en feu.

Celle qui le regardait était adorable; madame Smithson avait trente-sept ans, mais par un bonheur d'organisation et une conséquence de la vie calme et bienfaisante de la mère de famille, elle était au comble de la beauté. Il en est de la beauté de certaines femmes comme du soleil ; jamais il n'est plus plein de splendeurs qu'au moment de se coucher : alors, il lance des traits de feu qui colorent en teintes énergiques, ou adoucissent avec une grâce et une douceur infinie les vapeurs suspendues en l'air. La grâce naïve et printanière de la jeune fille est loin, mais les formes de la femme ont pris leur développement complet : elles sont dans leur plein équilibre et, ce qui est bien supérieur, la bonté du cœur, l'élévation des idées qui ont dirigé une vie noble et pure, ont peu à peu percé l'enveloppe du corps, et le rayonnement d'une belle âme s'est répandu à grands flots sur ce corps et l'a inondé de charmes, de grâces et de tendresses : une femme est alors vraiment une divinité devant laquelle on se sent ému, prêt à plier le genou et qu'on voudrait remercier pour le bien qu'elle a fait en étant chaste, bienfaisante, consolatrice, utile pour l'homme qu'elle a maintenu vers le bien et pour les enfants qu'elle a dirigés vers ce but.

George, inexpérimenté, neuf en amour, devait,

à première vue, être plus frappé et plus entraîné par la beauté de madame Smithson que par celle de sa fille ; la naïveté d'un homme simple lui fait voir ce qui existe ; la science de l'homme expérimenté lui fait voir ce qui sera. George ne voyait que le présent. Du reste, le hasard, ce Dieu malin qu'on accuse souvent à tort, mais qui souvent est coupable, avait placé l'un à côté de l'autre George et madame Smithson ; Jenny était plus loin ; or, le magnétisme des regards n'a le plein de son action qu'à une petite distance.

Madame Smithson avait, comme beaucoup de femmes à un certain âge et précisément au moment où leur beauté va décroître, elle avait au cœur un sentiment inassouvi : la tendresse de son mari malheureusement vite détournée par les préoccupations d'affaires n'avait pas suffi à absorber le besoin d'affection que la nature avait mis en elle : les soins de la maternité avaient plus tard donné satisfaction à ce besoin d'aimer ; mais alors, soit qu'elle sentît instinctivement le vide énorme que le mariage de sa fille devait lui causer dans un avenir prochain, soit qu'il y eût en elle une recrudescence du sentiment instinctif de l'amour

que tout être humain porte en lui, soit que l'occasion favorable à l'éclosion de ce sentiment eût
manqué jusque-là et se présentât alors avec vivacité, elle ressentit en ce moment une forte impression et ne put la dissimuler; son cœur battit avec
force et en un instant la rougeur des flammes
colora son visage.

George, de son côté, fut vivement frappé; il ne
s'expliqua pas bien ce qui se passait en lui, mais il
se sentait à la fois attiré par un entraînement in-
vincible vers la charmante femme qui était à côté
de lui et retenu cependant par un respect profond.
Il parvint toutefois à dominer son impression,
fit assez gauchement quelques pas, et ne sachant
comment se tirer de l'embarras dans lequel il se
trouvait, il dit « : Je crois qu'il serait temps de
« songer à notre retour. »

Tous se levèrent : les voyageurs furent éveillés,
les hommes de l'escorte rappelés et on se mit en
route. Les sentiers de montagne ne permettent
pas à beaucoup de personnes de marcher de front
et on est entraîné à former des groupes de deux
personnes, encore faut-il souvent se séparer. Franz
Lockmatter marchait en avant, puis venait mon-

sieur Osborne, porté dans sa chaise, ensuite Jenny et monsieur du Rocher ; George et madame Smithson fermaient la marche.

Jenny, avec la pénétration d'esprit qu'a instinctivement toute femme, avait bien compris que quelque chose s'était passé entre sa mère et George ; elle n'avait, certes, rien à reprocher à sa mère, et elle avait elle-même trop de sympathie pour monsieur Léony pour ne pas comprendre qu'il pouvait inspirer à d'autres un vif sentiment d'attraction. Cependant, elle sentait en elle un chagrin sérieux dont elle ne se rendait pas exactement compte et il lui semblait qu'on lui prenait quelque chose. Sur quel droit s'appuyait-elle ? Sur aucun : personne ne savait qui était George et ne pouvait deviner à quel examen secret elle se livrait depuis plusieurs jours. George était libre : mais peu à peu l'habitude de le considérer comme lui appartenant s'était glissée dans son cœur et tout en ne se regardant pas comme engagée à George, elle avait considéré George comme lui étant engagé. Elle était un peu convaincue, la belle et charmante fille, qu'elle n'avait qu'à se présenter pour être irrésistible ; elle n'avait vu qu'un côté de la question et quand, tout examen fait de son prétendant, elle était décidée à l'accepter, non-seulement monsieur Léony ne l'avait pas remarquée, mais il lui semblait apercevoir qu'il y avait en lui une certaine attraction pour une autre. La jalousie lui révéla l'amour ; elle aimait George ; elle aimait les beaux sentiments qu'elle avait reconnus en lui ; elle aimait cette nature forte, énergique et cependant sensible et fine ; elle aimait cette fierté un peu sauvage, mais élevée ; il était beau, courageux, honnête, généreux. Ce n'était pas l'homme sec du type américain ; ce n'était pas non plus le chasseur de dot qu'elle avait vu en Europe ; il réunissait en lui les qualités des deux types, l'énergie et la forme ; il avait en outre le cœur haut. « C'est lui que je veux », se dit-elle. — Mais comment faire maintenant pour que George la remarquât, pour que George l'aimât ? La pauvre fille, elle ne pouvait même pas avoir avec lui la moindre conversation, et par une sorte de fatalité, toujours quelqu'un venait se mettre entre elle et lui.

Monsieur du Rocher, qui était profond quand son intérêt était en jeu, avait jugé du premier coup d'œil, en regardant le Pizzo Bianco, qu'il lui serait impossible d'en tenter l'ascension à pied : six heures de montée étaient évidemment tout à fait hors de ses moyens. Il ne voulait cependant, à aucun prix, manquer une si belle occasion de faire sa cour à mademoiselle Smithson. Il arrêta son plan : " Je sacrifie la montée, se dit-il ; la belle " Jenny sera d'ailleurs essoufflée et on cause peu en " montant, mais on se rattrape en descendant, car " alors on n'a qu'à se laisser aller ; donc, à la des- " cente, j'accaparerai ma jolie miss et quatre heures " de galanterie avanceront bien mon affaire. " Arrivé sur le sommet du Pizzo Bianco, fatigué de s'être levé, contrairement à son habitude, de très-grand matin, un peu grisé par l'air vif et le bon vin, il s'était endormi, mais, maintenant, il se sentait remis, dispos, alerte et capable de tenter un vigoureux assaut. Il s'imposa à Jenny, qui ne put, malgré son vif désir, s'en débarrasser, et il la cribla littéralement, pendant la descente, de com-pliments fins qui tombaient à jet continu sur la pauvre fille et de coups d'œil assassins qui au-raient pu faire de grands ravages dans toute autre circonstance : mais Jenny était hors d'elle et n'en-

tendit pas la moitié de ce que lui débita son aimable
compagnon ; quand elle était absolument obligée
de répondre à une question, elle disait du bout des
lèvres : " Oui!... Non!... Bien sûr!... " La série
des adverbes incolores fut donc le fond de sa conversation et les monosyllabes y jouèrent un rôle
considérable.

Mais son esprit était ailleurs ; ses regards, à chaque
instant, se portaient sur sa mère et sur George : ils
formaient un couple charmant : George était joli
cavalier, plein de petites attentions, et il y en a
beaucoup à prendre pour éviter à une dame peu
habituée aux courses de montagnes la fatigue et
quelquefois même le danger ; à chaque instant, il
y a un pas à franchir et il faut offrir la main, une
pente très-raide et le secours d'un bras vigoureux
est alors bien utile. Tout cela peut se faire de bien
des façons ; sans avoir ouvert la bouche, on peut
avoir fait bien des confidences ; il y a, d'ailleurs,
bien des occasions d'être aimable ; on trouve à
chaque instant des fleurs à offrir, des fraises par-
fumées à partager ; le lieu, les circonstances, la
liberté que donne une semblable situation permettent beaucoup de choses. George était trop

gentleman pour que rien dans sa tenue prêtât à la moindre critique, mais il était à ce degré où la politesse se combine avec le désir de plaire et donne à un homme sa forme la plus séduisante.

La descente du Pizzo Bianco se fit donc en donnant à chacun des impressions fort diverses ; seul monsieur Osborne, qui se trouvait séparé du reste de la troupe, fut calme ; mais monsieur du Rocher avait la rage au cœur de voir tomber sans porter ses amabilités ; Jenny ne l'écoutait pas et surveillait d'un œil jaloux sa mère et George ; George et madame Smithson avaient eux-mêmes une agitation dont ils ne se rendaient compte ni l'un ni l'autre, mais dont tous deux subissaient le charme. Pendant ce temps, Lockmatter et les porteurs fumaient philosophiquement leurs pipes et descendaient silencieusement les pentes raides, sans se douter du petit drame qui se passait sous leurs yeux et qui était lettre close pour eux.

La soirée fut courte ; chacun eut de bonne heure un bon prétexte pour se retirer, personne ne se trouvant à l'aise et ne tenant à prolonger une situation qui présageait évidemment une crise,

mais la nuit ne donna pas beaucoup de calme ni
aux uns, ni aux autres. Monsieur du Rocher sentait une lassitude excessive dans tout le corps et
ne pouvait fermer les yeux. " Dire, pensait-il en
" serrant les poings, que j'ai fait au moins six
" heures à pied, tout en payant des gens pour me
" porter, que je me suis désarticulé les os et brisé
" les jambes, que j'ai, pendant cinq heures de
" suite, été plein de charmes et de séductions et
" que cette petite bécasse d'Américaine n'a eu
" d'œil que pour ce coureur de montagnes qui ne
" la regarde seulement pas ! Morbleu ! je suis
" volé ! mais je n'ai pas dit mon dernier mot.
" Voyons, du Rocher, à la rescousse ! Appelle
" ton imagination à ton aide ! — " Il continua
ainsi longtemps à invoquer ses facultés inventives,
et, de guerre las, il finit par s'endormir, mais
d'un sommeil agité ; il eut des cauchemars affreux :
il tombait dans des précipices sans fin, s'y brisait
les jambes et, du fond de l'abîme, apercevait
George et madame Smithson qui, se tenant la
main, riaient en le regardant et Jenny qui lui
disait de sa voix suave et douce : " Goûtez, beau
" monsieur, le repos éternel ; personne ne vous

" dérangera de la position que vous avez prise.
" Reposez-vous en paix ! "

George ne fut pas plus tranquille : au bout d'une heure, il reconnut qu'il ne fermerait pas l'œil de la nuit ; surexcité par la marche et par les émotions de la journée, il avait du feu dans les veines et faisait des bonds insensés dans son lit. A minuit, il prit le sage parti d'aller se promener : il faisait un clair de lune splendide qui rayonnait doucement sur la vallée, les pics, les glaciers ; l'air était froid ; on n'entendait que le roulement sourd et éternel des torrents : tout était d'une tristesse grandiose. Au premier moment, George courut comme un fou, jetant des paroles d'amour aux rochers et aux sapins et faisant des invocations ardentes à toutes les étoiles du firmament ; mais au bout d'une heure, le froid de la nuit le calma petit à petit et le rendit à peu près raisonnable. Il finit par rentrer dans sa chambre, et là, s'asseyant sur son lit, il se dit : " Que faire ? quelle folie de lais-
" ser entrer l'amour dans mon cœur ! Quel trouble
" est déjà le mien et combien je suis loin de cette
" tranquillité, de cet équilibre qui faisaient mon
" bonheur ? L'aimerais-je ?... Déjà ?... Ah ! j'ai la

« tête en feu; je suis fou! — Où fuir? car, ne
« plus la voir, là est le salut... Oui, je partirai...
« après-demain... non, demain, ou plutôt tout
« de suite, au point du jour, dans quelques
« heures... Mais cependant, ne plus la voir, ne
« plus sentir son regard si doux fondre mon
« cœur, non, c'est impossible! Le bonheur est là;
« pourquoi le fuir? Mais, on ne vit qu'une fois,
« et qu'importe, après tout? Pourquoi contraindre
« nos sentiments? Tu seras aimé, tu l'es peut-être
« déjà. Allons, fou, ne tourne pas le dos au bon-
« heur! Vite, du papier, une plume, de l'encre;
« je veux lui écrire, je veux qu'elle sache comment
« je saurai l'aimer. »

Fiévreusement, Georges tira de son sac de
voyage un petit buvard, mais il le fit si précipi-
tamment qu'il en tomba une lettre cachetée.
L'enveloppe était encadrée de la ligne noire, signe
de deuil, et elle avait cinq gros cachets de cire
noire; elle portait cette inscription :

A mon cher fils George Léony.

« Pauvre père, dit Georges en fondant en
« larmes, le moment est venu de savoir ce que tu

« m'as dit dans cette dernière pensée ! Jusqu'ici
« j'ai respecté ta volonté, car je me sentais fort, sûr
« de moi. Aujourd'hui, le danger est là, en moi ; je
« le vois et n'y puis résister. Au secours, bon et
« cher père ! » — Et d'une main ferme, il rom-
pit le cachet et lut ces quelques lignes :

Cher fils,

*S'il se présente, dans ta vie, un cas difficile où
ta raison soit troublée et indécise, n'oublie pas ces
deux mots qui résument la sagesse humaine :* ET
APRÈS?... *Applique-les avec une rigoureuse logique
à ce que tu feras, et tu te tromperas rarement.*

TON PÈRE.

George réfléchit quelque temps ; sa pensée était
avec cet être qui n'était plus : il le voyait, il lui
parlait ; il l'embrassait. — « *Et après?* se dit-il.
« — Je l'aimerai, elle m'aimera... *et après?...*
« Qu'offrirai-je à cette femme en retour de son
« amour ? Où irons-nous cacher cet amour dont il
« faudra rougir tous deux, car elle est mariée cette
« femme ; elle sera honnie, méprisée, maudite des
« siens, maudite de sa fille. Non ! non ! c'est im-

« possible; ce serait odieux. Déshonorer cet être
« charmant de beauté et surtout d'honnêteté, serait
« indigne d'un homme de travail et d'honneur.
« C'est une lâcheté que je ne commettrai pas... »
A partir de ce moment, les réflexions de George
Léony ne changèrent plus et il se confirma résolument dans cette pensée, jusqu'à ce que le sommeil
vainqueur lui fît oublier la réalité des choses.

Madame Smithson n'eut pas une meilleure nuit;
une fois le premier moment passé, elle ne fut pas sans
quelque inquiétude en réfléchissant sur ce qui était
arrivé dans cette journée : l'analyse des sentiments
qu'elle éprouvait ne lui laissa pas de doutes pos-
sibles sur l'attraction qu'elle sentait pour George
Léony; elle fit un retour amer sur sa vie passée,
sur tout ce qui lui avait manqué, sur ce besoin de
tendre affection qu'elle avait si peu trouvé chez
son mari. Elle maudit les richesses, l'amour des
affaires et se dit plusieurs fois : « Que j'aurais été
« heureuse si j'avais trouvé en mon mari cette élé-
« vation d'idées, cette nature tendrement passion-
« née, dévouée et sensible qui est celle de ce char-
« mant homme qui a passé avec nous cette journée. »
L'idée de l'amour n'entra pas dans ce cœur droit,

ou du moins elle se dissimula le danger qu'elle courait, car l'amour était là, prêt, vigilant, conquérant, et une fois entré dans le cœur d'une femme qui avait encore besoin d'aimer, il eût fait une invasion redoutable. Elle ne vit pas ces conséquences, car elle ne connaissait pas les conséquences logiques, inévitables d'une semblable situation et combien la pente est glissante. Au résumé, jusque-là il n'y avait rien, mais tout était à craindre et devait dépendre de l'attaque de George Léony : madame Smithson ne songea qu'au plaisir de rencontrer le lendemain cet homme dont la société avait pour elle un vrai charme ; elle ne vit pas plus loin, parce qu'elle ferma les yeux, ce qui est un excellent moyen d'ignorer vers quel but on marche ; mais on a beau éviter de voir un danger, le danger n'en est pas moins là.

VI

Jenny était dans une agitation violente : son plan était ruiné, détruit, anéanti ! Elle avait refusé obstinément toute négociation pour un mariage qu'elle désirait maintenant en vain ; elle s'était proposé le piquant projet d'étudier à l'aise son prétendant éconduit, se disant : « S'il me convient, je pourrai toujours le reprendre. » Elle s'était peu à peu habituée à le considérer comme à elle et l'amour s'était glissé dans son cœur ; quand il y avait éclaté tout entier, elle voyait surgir des difficultés telles qu'un projet de mariage devenait impossible. Par son silence, elle s'était interdit toute confidence à sa mère, qui eût pu la guider dans cette situation, et avec laquelle une explication eût supprimé tout malentendu ; mais comment avouer les projets qu'elle avait roulés dans son esprit et qu'elle avait concentrés en elle ? comment entrer en confidence avec sa mère et lui dire, d'un côté : « Je n'ai pas eu confiance en toi », et de l'autre : « Je suis jalouse de toi » ? — La pauvre fille en vint à se faire des reproches amers, et laissant de côté toutes les circonstances qui avaient modifié son premier plan, simple malice de jeune fille, elle ne vit à la fin, dans tout ceci, qu'une grande et lourde faute de sa part, et trouva que le malheur qui la frappait était juste et mérité. « Je suis punie par « où j'ai péché, se dit-elle, j'ai été défiante à « l'excès, exigeante au delà de la mesure, et « maintenant ce qui eût été juste, légitime, m'est « défendu et le bonheur de ma vie est perdu à « jamais. »

Elle s'endormit tard, fort triste, après avoir plus d'une fois pleuré en silence, afin que sa mère n'entendît rien ; mais le sommeil ne calma pas son agitation, et madame Smithson, qui elle-même dormait mal, l'entendit plusieurs fois se plaindre et gémir. La première fois, elle ne dit rien, mais les plaintes continuant, elle se leva inquiète, alluma une bougie et s'approcha du lit de sa fille. Jenny dormait, mais sa bouche faisait des mouvements comme si elle eût voulu parler et de grosses larmes coulaient sur ses joues.

— Ma fille, mon enfant chérie! s'écria madame Smithson en prenant Jenny dans ses bras, qu'as-tu? Réveille-toi : dis-le à ta mère.

Jenny s'éveilla, aperçut sa mère et lui dit en fondant en larmes :

« Je suis bien coupable, chère maman, mais « bien malheureuse aussi! Je t'ai caché ce que je « pensais, à toi, qui as été toujours si tendre pour « moi; c'est affreux. Je me suis sottement laissé « aller à un mouvement de coquetterie et de cu- « riosité; mais j'en suis bien punie, va. C'est « fini; ma vie est brisée et je n'ai plus qu'à « mourir. »

Madame Smithson, pressant de questions Jenny, apprit bientôt toute la vérité : au moment où Jenny lui dit que leur compagnon de voyage était George Léony, madame Smithson eut une vive émotion, mais Jenny n'aperçut rien. Quand toute

la confidence fut finie, la mère dit à sa fille :
« Allons, tu as eu très-grand tort de ne pas me
« confier ce qui se passait : mais, je te pardonne
« aisément ; qu'il n'en soit plus question ! Il s'agit
« maintenant de rattraper le temps perdu. Je vais
« réfléchir à tout cela et combiner mon plan ; dors
« et sois tranquille, car il faut que demain tu
« sois fraîche et reposée, pour plaire à ton préten-
« dant, qui sera bientôt ton mari, je te le pro-
« mets. »

Les réflexions de madame Smithson furent longues, et d'abord, aussitôt qu'elle se trouva seule,
elle rendit grâces au ciel. Tout ce qui était en elle
obscur et douteux devenait clair, limpide, lumi-
neux ; il cessait, ce tiraillement entre son affection
naissante pour George et son devoir ; elle tombait
cette contradiction entre le besoin d'affection
qu'elle avait dans le cœur et la réserve imposée à
une femme honnête. La tendresse vive, vigou-
reuse et chaude que donne le cœur d'un homme
bien doué, elle allait y avoir droit légitimement,
aux yeux de tous, sans crainte, sans arrière-pen-
sée, sans charges. Heureuse la femme qui a ren-
contré sur son chemin, garantie par la force de la

situation, ces affections d'hommes profondes et désintéressées, dévouées et sans calcul; elle a tout le bénéfice de l'amour, sans en sentir le poids! Heureuse et rare cette femme!

Le calme revint subitement dans l'esprit de madame Smithson; elle n'eut pas de sacrifice à faire, pas de ligne de conduite à modifier; elle avait eu pour George une affection instinctive; ce sentiment était désormais légitime et devenait une force pour elle. Ainsi, un torrent furieux, sagement dirigé et distribué, porte la richesse et la fécondité dans des terres qu'abandonné à lui-même, il eût ravinées, bouleversées, entraînées au loin. — L'équilibre se fit donc rapidement dans cette âme troublée, et toute la force de la pensée de madame Smithson se concentra sur ce point unique : *réussir!*

Réussir présentait plus d'une difficulté : d'abord, George devait repartir promptement et le temps est un grand élément de succès. Ensuite, George, absorbé les premiers jours par monsieur Osborne, depuis par madame Smithson, semblait ne pas avoir seulement aperçu Jenny. Enfin, le sentiment, un peu fraîchement éclos, mais vif, que

George avait pour madame Smithson, n'allait-il pas être une difficulté sérieuse ? — Madame Smithson réfléchit longuement sur tout ceci, et il est probable qu'elle réussit à voir la solution, car elle finit par pousser un soupir de satisfaction, semblant dire : « J'ai trouvé », et ne tarda pas ensuite à s'endormir.

Le lendemain, tout le monde arriva tard dans la salle à manger ; on ne vit pas du tout, de la matinée entière, monsieur du Rocher, qui était moulu, brisé, et qui se jugeant incapable de se lever, se fit apporter son déjeuner au lit ; monsieur Osborne eut de plus sérieuses raisons pour imiter cet exemple. George lui-même se leva tard et fut retardé encore par les préparatifs de départ qu'il fit et surtout par une lettre qu'il prépara pour monsieur Osborne, et dans laquelle il lui exprimait son regret de partir sans lui serrer la main et sans prendre congé de sa sœur et de sa nièce. La rédaction de cette lettre donna beaucoup de peine à George : tantôt il la trouvait trop courte et trop sèche, tantôt il lui semblait, qu'à première vue, on verrait jusqu'au fond de son cœur ; enfin, il mit la main sur

une forme satisfaisante. Ceci fait, il descendit
pour déjeuner et partir. En arrivant dans la salle à
manger, la première personne qu'il rencontra fut
madame Smithson ; elle écrivait. — George s'arrêta un instant : son cœur battait fortement et il
rougit; madame Smithson lui tendit la main et
fixant sur lui un regard affectueux, mais très-
tranquille, elle lui dit :

« Je viens d'apprendre, cher monsieur, que
« vous avanciez votre départ. Nous en sommes
« tous vivement au regret et vous avons trouvé si
« bon et si obligeant que je n'hésite pas à vous
« demander un service; j'ai des lettres impor-
« tantes à faire partir; elles doivent absolument
« arriver dans deux jours à Liverpool pour ne pas
« manquer le bateau pour New-York : je vous
« prie de vouloir bien les remettre en passant à
« Domo d'Ossola; elles gagneront ainsi le temps
« nécessaire. De cette façon, vous me rendrez un
« sérieux service et je ne retarderai votre départ
« que de deux heures environ. Acceptez-vous,
« cher monsieur? »

— J'accepte de grand cœur, répondit vivement
George, et je n'ai qu'un regret, c'est de ne pouvoir

trouver une plus sérieuse occasion de vous obliger.

— Vous m'obligez plus que vous ne le croyez, répondit madame Smithson ; mais il est juste que vous faisant ainsi perdre votre temps, je vous évite au moins de vous ennuyer. Je vous propose donc, pendant que j'écrirai, de jouer avec ma fille cette dernière symphonie de Beethoven que vous admirez tant et qui est pour moi encore un peu obscure : je puis très-bien écrire et écouter à la fois et je serais charmée que vous me convertissiez à votre opinion. Vous le voyez, c'est presque un second service que je vous demande ; j'agis sans façon.

—Vous me faites à la fois beaucoup d'honneur d'attacher tant d'importance à mon appréciation musicale et beaucoup de plaisir en me faisant exécuter avec mademoiselle votre fille cette belle symphonie.

" —Jenny, dit madame Smithson à sa fille, qui entrait, monsieur veut bien jouer avec toi la neuvième symphonie de Beethoven, pendant que j'écris des lettres dont il a la bonté de se charger. — Courage ! ajouta-t-elle à voix basse. Il veut partir ! "

Jenny et George se mirent au piano ; la pauvre

Américaine, malgré la hardiesse propre à sa race, était fort intimidée, et le début de la première partie de la symphonie laissa fort à désirer; non-seulement, les nuances furent peu observées, mais il y eut quelques passages médiocrement exécutés : cependant, peu à peu, Jenny se raffermit et la seconde reprise fut enlevée avec netteté.

— Nous voilà partis, dit George : maintenant nous pouvons attaquer les cherzo. Veuillez, mademoiselle, bien observer la légèreté du toucher, marquer le rhythme et enlever avec vigueur les oppositions de force : gardons la vivacité du mouvement. Surtout, n'oubliez pas les deux petites notes précipitées, qui, à l'orchestre, sont jouées par la timbale et constituent par leur retour persistant l'un des caractères du morceau. Ici, faites bien le lié et enflez fortement le milieu de cet air joué à l'orchestre par le hautbois.

On commença ce scherzo si léger, si vif, si sautillant, ce sourire charmant d'un grand penseur; Jenny jouait la clef de sol et eut dans son exécution une précision, un brio et un à-propos de nuances si remarquables, que lorsque le dernier accord retentit, George lui dit, plein d'admiration :

« — Je ne vous ferai pas de compliment sur votre
« exécution, qui est parfaite, mais où, mademoi-
« selle, avez-vous appris à interpréter avec un tact
« si vrai cette délicate musique?

« — Je l'ai entendu exécuter plusieurs fois à
« la Société des Concerts du Conservatoire, et je
« n'ai eu qu'à me souvenir pour bien faire.

« — Vous vous souvenez bien, et surtout vous
« comprenez bien ; c'est un double mérite. »

On fit une petite pause, et la conversation s'en-
tama ; George et Jenny avaient des souvenirs
communs, de vives émotions absolument semblables, les mêmes appréciations et un goût parfaitement d'accord. Il y eut dans ces régions musicales un bon quart de conversation, et George put
ainsi voir à son aise la jeune fille qu'il avait peu
observée jusque-là.

Jenny était belle, non par la beauté et la pureté
des traits, car elle avait la bouche un peu grande,
le nez carré et le profil imparfait, mais elle avait
la beauté des beautés, l'expression. Un front haut
et intelligent, des yeux parlants, une bouche ex-
pressive et semblant prête à s'ouvrir pour laisser
passer la pensée, une figure mobile et changeant

13.

à vue suivant le sentiment qui l'animait. Par moment, ses yeux bleus se fonçaient; ses cheveux semblaient tantôt blonds, tantôt châtains et étaient longs, abondants et soyeux. Toute sa personne était ondoyante et pleine de grâce; elle avait, d'instinct, des poses simples et caractérisées; le moindre pli de ses vêtements tombait avec un art parfait et cependant sans qu'elle fît la moindre recherche pour produire de l'effet. En un mot, on pouvait ne pas la trouver belle, mais personne ne pouvait échapper à son charme; elle rayonnait et illuminait partout où elle se trouvait.

Elle avait une nature fine et distinguée, une sensibilité exquise, une imagination vive, et cependant ce solide bon sens qui est généralement la propriété de la race anglo-saxonne. Son éducation, dirigée avec soin par sa mère, avait laissé à cette bonne nature son épanouissement complet sans le contrarier en rien; elle avait été élevée en dehors de tout préjugé étroit, habituée à ne tenir aucun compte *du convenu* et à n'avoir égard qu'aux idées qu'elle avait reconnues justes et saines. Son instruction était infiniment supérieure à celle de nos jeunes Européennes : elle parlait aisé-

ment quatre langues, était excellente musicienne
et peignait bien, de préférence le paysage d'après
nature, car, en tout, elle était *elle* et n'aimait imiter ni copier personne.

Madame Smithson s'était retirée silencieusement pendant le scherzo et les deux jeunes gens
étaient seuls. Ils commencèrent l'andante de la
symphonie ; rien n'est plus large, plus rempli de
sentiments profonds et énergiques que cet andante ; Jenny et George étaient transportés : ils
s'excitaient l'un l'autre, chacun redoublant d'expression, et si difficile qu'il soit de rendre par le
piano une semblable musique, ils arrivaient à
force de sentir vivement à rendre parfaitement. —
Il y a dans une semblable situation mille raisons
de communication intime ; on est côte à côte ; les
mains, les bras se croisent ; on est absorbé dans la
même pensée, agité des mêmes sentiments et deux
âmes que la nature a créées l'une pour l'autre sont
bien près de s'entendre en pareil cas, car rien ne
favorise plus leur fusion qu'un semblable rapprochement.

Au bout de l'andante, George et Jenny également émus se regardèrent : il leur était impossible

de continuer, tant leurs cœurs étaient agités. Jenny fut la plus hardie.

— Quel dommage, dit-elle, que vous partiez! nous aurions pu ainsi jouer toutes ces belles symphonies, et c'est une si bonne chose que de vivre ainsi avec de si grands génies, qui ont traduit sous une forme exquise les plus belles pensées humaines!

George était assez ennuyé de se trouver engagé à partir. La société de Jenny commençait à lui sembler fort agréable : l'impression vive que madame Smithson avait faite sur lui dans l'excursion au Pizzo Bianco avait déterminé en lui le besoin d'aimer, plutôt qu'il ne l'avait localisé; de plus, comme nous l'avons vu, il avait lutté contre cette première impression avec énergie, en avait triomphé, mais ce triomphe même avait augmenté encore en lui le sentiment vague qui l'agitait.

Madame Smithson en le mettant en rapport direct avec sa fille savait fort bien les chances qu'elle lui donnait de plaire dans un pareil moment, et si on ajoute l'ensemble des qualités de miss Jenny, on comprendra facilement que George eût autant aimé retarder son départ de quelques jours, mais il s'était engagé et n'avait aucun bon prétexte pour changer d'idée ; il était donc fort embarrassé de répondre à la question de mademoiselle Smithson, pris d'un côté entre le désir de ne pas paraître inconséquent, et retenu d'un autre côté par l'attraction naturelle qu'éprouve un homme pour une séduisante jeune fille.

Heureusement, madame Smithson vint le tirer d'embarras en lui disant que monsieur Osborne le priait instamment de retarder son départ ; il venait de décider qu'on partirait le lendemain matin pour le lac Majeur en prenant une voiture depuis Ceppo Morelli, et l'homme qui était envoyé pour retenir la voiture devait se charger de porter en temps voulu les lettres, de façon que toute nécessité de partir immédiatement cessait. George n'eut plus dès lors de raison de refuser de rester et il fut décidé que le voyage au lac Majeur se ferait en commun.

A midi, tout le monde se trouva à table. Dans l'intervalle, madame Smithson avait eu une entrevue avec monsieur Osborne.

— Cher frère, dit-elle, si la main de Jenny était demandée par monsieur du Rocher, que penseriez-vous d'un semblable projet ?

— Lui ! s'écria en bondissant monsieur Osborne. Un paresseux, un égoïste, un homme arriéré, bourré de faux principes ! Qu'il aille au diable ! J'aimerais mieux jeter Jenny à l'eau que de la lui donner.

— Et s'il s'agissait de l'autre monsieur, votre ami ?

— Ah ! celui-là, c'est bien différent. Je n'ai rien à dire contre un pareil choix. Mais a-t-il fait une démarche qui vous fasse croire à une recherche ?

— Oh ! il n'a rien dit jusqu'ici, rien absolument, mais Jenny est assez gentille pour que cela puisse arriver si nous avions eu plus de temps à nous. Malheureusement il part tout à l'heure.

— C'est ce qu'il faut empêcher.

— Je vais l'essayer.

— Proposons-lui de nous accompagner au lac Majeur.

George, comme nous l'avons vu, ne demandait en somme qu'à se laisser convaincre. Monsieur Osborne crut donc avoir fait remporter par madame Smithson une grande victoire en faisant retarder le départ de George, tandis qu'en somme, il ne fit qu'enfoncer une porte ouverte.

Cette subite résolution ne contraria qu'une personne, monsieur du Rocher; mais elle le contraria vivement. Il ne pouvait guère s'imposer, et ce départ précipité le força à risquer une déclaration : pendant le dîner, il redoubla d'amabilités, que madame Smithson seule entendit, car Jenny et George étaient absorbés dans des conversations animées, dans lesquelles entraient les éléments les plus variés, mais vraisemblablement dignes du plus grand intérêt. Après le dîner, on fit une promenade, et George marchait en avant avec Jenny; ils ne se quittaient plus. Monsieur du Rocher apercevait parfaitement cette bonne intelligence, et elle le rendait furieux; il fit un effort suprême, et, seul avec madame Smithson, lui dit combien il regrettait ce départ si brusque, que sa fille lui plaisait infiniment, et qu'il aurait désiré avoir plus de temps pour se faire apprécier d'elle; il parla de la solidité de sa position, doubla l'importance de ses propriétés, développa singulièrement la considération dont il jouissait, et, en homme adroit, ayant observé que l'oisiveté était trèsméprisée par monsieur Osborne, il parla de la carrière politique à laquelle il se destinait.

Madame Smithson joua avec ce prétendant comme un chat joue avec une pelote ; elle le pressa de questions, le tourna à droite, à gauche, lui fit subir un véritable interrogatoire, le mit en contradiction avec lui-même, le fit suer à grosses gouttes ; finalement, elle lui dit qu'elle en réfèrerait à monsieur Osborne, et donna à monsieur du Rocher rendez-vous à six heures.

Monsieur Osborne fut très-poli, mais très-froid, et, en quelques mots nets, détruisit tout le beau plan que l'élégant jeune homme avait si laborieusement et si savamment bâti. Monsieur du Rocher était furieux au delà de toute expression ; il eut un premier mouvement de colère violente, et sortit de l'hôtel dans une agitation terrible. Il parcourait à grands pas le chemin qui, longeant le torrent, mène au fond de la vallée, quand, au bout de quelques minutes, il rencontra George Léony, qui, l'âme ravie, transporté dans je ne sais quel ciel, pensait à la charmante jeune fille dont il venait de faire la connaissance. Autant monsieur du Rocher était en rage, autant George était

calme et heureux; l'un eût détruit le genre humain tout entier, l'autre l'eût embrassé d'un bout
à l'autre, sans distinction de race et de couleur.
Monsieur du Rocher était naturellement violent;
en ce moment, la colère le transformait et lui
donnait une sorte de rage. George, le cœur épa-
noui, s'avança vers lui et lui tendit la main; monsieur du Rocher garda ses mains dans ses poches.

— Ouais! dit George; qu'a-t-il donc? Je lui
faisais bien de l'honneur, ce me semble.

— Monsieur, j'ai besoin d'avoir une explication avec vous.

— Volontiers, répondit George. De quoi
s'agit-il?

— Quand vous êtes venu dans le pays, vous
m'avez trouvé en relations avec la famille Osborne;
je ne vous cache pas que j'avais un sentiment
sérieux pour la jeune fille, et je ne lui déplaisais
pas, j'en ai la certitude. Vous avez chassé sur mes
brisées, et, par des manœuvres très-adroites, trop
adroites peut-être, vous vous êtes emparé de la
mère, et maintenant, fort de son appui, vous ma-
nœuvrez habilement pour capter la fille. Je ne
puis souffrir cela.

14

George fut quelque peu étourdi de cette attaque imprévue, et son premier mouvement fut tout de compassion.

— Vous êtes injuste, dit-il à monsieur du Rocher, mais je ne ferai pas attention à ce que vos paroles ont de blessant pour moi; votre situation est pénible, et je vous pardonne; mais je n'ai aucun reproche à me faire, et, si cette gracieuse Américaine avait une préférence pour vous, je vous céderais la place sans difficulté, mais, ajouta-t-il en souriant, je ne crois pas qu'il en soit ainsi.

— Cela n'est pas difficile à comprendre avec les moyens que vous employez.

— Voici la seconde fois que vous faites allusion à des moyens... peu honorables que j'aurais employés; veuillez vous expliquer.

— Je sais que penser de ce que vous avez fait.

— Morbleu! dit George qui commençait à se fâcher, veuillez vous expliquer nettement, vous dis-je; je vous préviens que je n'aime ni les sous-entendus, ni les réticences.

— Quand on ne veut pas prêter aux réticences, il faut avoir une conduite droite.

— Ah çà, mon petit monsieur, dit Georges,

vous allez me forcer à vous secouer comme il faut.

— Je n'ai pas peur de vous.

— C'est ce que nous allons voir.

Georges, exaspéré, fit un pas vers monsieur du Rocher ; de son côté, celui-ci recula pour l'éviter, mais comme il se trouvait sur le bord du chemin, son pied porta dans le vide et, perdant l'équilibre, l'amoureux éconduit roula rapidement le long d'une pente de gazon, et de là dans le torrent. Le torrent était heureusement peu profond dans cet endroit et monsieur du Rocher s'y étendit tout du long sur un lit de sable. Il n'eut aucun mal, mais la fraîcheur de l'eau glacée calma de suite sa grande fureur, de sorte qu'il ne refusa pas le bras que, moitié riant, moitié compatissant, son adversaire lui donna.

Georges, poussant la charité jusqu'au bout, le ramena à l'hôtel, lui fit faire un bon feu, lui envoya une tasse de thé et lui recommanda de rester chaudement dans son lit pour éviter une fluxion de poitrine. Monsieur du Rocher, qui trouvait, malgré tout, que la vie lui réservait quelques beaux jours, eut soin de respecter religieusement ces recommandations et ne tarda pas à dormir de ce sommeil égal et profond que donnent un bain froid pris à propos et la satisfaction d'avoir échappé à un danger considérable. Respectons son sommeil !

Le lendemain, à six heures du matin, la petite caravane, composée d'une chaise à porteurs pour monsieur Osborne, de trois hommes chargés de bagages, des deux belles Américaines et de George, se mit en route. La descente de la vallée se fit facilement et gaiement ; il y eut une station devant Ceppo Morelli, sous un immense châtaignier qui couvre de son ombre une petite terrasse d'où on découvre toute la vallée d'Anzasca ; George et Jenny firent là un croquis, et celui de Jenny se trouva être un petit chef-d'œuvre, au moins au dire de George. A Ponte-Grande, on fit un déjeuner fort gai, puis une bonne voiture attelée de deux vigoureux chevaux amena nos voyageurs vers cinq heures du soir sur le bord du lac Majeur, à Stresa.

On dîna tard, et il était près de neuf heures, lorsqu'on sortit faire une promenade le long de la route qui borde le lac. La soirée était délicieuse, l'air calme et d'une douceur exquise : la nuit étant sombre, on voyait briller au ciel les milliers d'astres qui roulent dans l'espace ; une brise molle portait à terre les parfums des parcs délicieux des îles Borromées ; tout dans la nature semblait inviter les âmes à l'épanouissement et aux mystérieuses confidences.

George et Jenny marchaient en avant et peu à peu la distance qui les séparait de madame Smithson et de monsieur Osborne grandissait ; monsieur Osborne marchait lentement et madame Smithson ne trouvait probablement pas utile de troubler la confidence des deux jeunes gens. Rien ne gênait donc la libre expansion des pensées de ces deux êtres que les circonstances et une certaine affinité rapprochaient sans cesse davantage. Ils causèrent de beaucoup de choses, car longue fut leur conversation, et le temps fuyait à tire-d'aile sans qu'ils en eussent bien nettement conscience ; George en arriva à parler de lui, de ses idées, de sa vie passée, du but qu'il poursuivait dans l'avenir ; il ne dit rien à Jenny qu'elle ne connût en substance, puisque la lettre qu'il lui avait fait remettre

un mois avant par madame Graziani disait exactement les mêmes choses; mais combien la situation était changée! La philosophie élevée, la
philanthropie délicate de ce noble esprit, de ce
cœur droit et pur se traduisaient par des formes
de langage charmantes; l'émotion gagnait peu à
peu Jenny, et quand il eut fini en lui disant que
pour lui il ne voyait qu'un but dans 'notre vie,
faire le bien, le faire par l'exemple que rendent
si puissant la supériorité de l'éducation, la distinction des manières, la force de la position;
quand il lui fit le tableau, au milieu de la grandeur
qu'a créée, dans les sociétés modernes, le développement prodigieux de l'industrie qui est la
gloire de ce siècle, de la misère de tant de malheureux privés des biens dont jouissent les classes
aisées, privés surtout, par la mauvaise éducation,
par l'ignorance, par la démoralisation, des moyens
de sortir de cette triste situation, Jenny, émue
jusqu'aux larmes, lui dit :

« Vous m'ouvrez des horizons nouveaux. Jus-
« qu'ici, je l'avoue, je voyais d'un autre œil toutes
« ces questions : les classes inférieures me cho-
« quaient par leur grossièreté, leur malpropreté,

« leurs vices bruyants; vous me faites voir qu'il
« y a chez elles un grand élément de progrès, leur
« bon cœur. Vous appelez mon attention sur ce
« fait que j'ai souvent observé, c'est qu'il y a
« chez elles une générosité surprenante! Évidem-
« ment, vous avez raison quand vous dites que ce
« n'est pas par tel ou tel système qu'on trouvera
« une baguette magique qui guérira d'un coup
« les maux que la dureté de la vie impose, mais
« *par l'effort de chacun* dans sa sphère, effort qui
« doit avoir pour but de devenir un foyer de
« lumière, de moralité, de direction vers le bien
« qui, suivant votre belle définition, se confond avec
« l'utile et le beau. Comme vous, je crois qu'il
« est impossible de donner à sa vie un plus noble
« but et en même temps de se donner plus de
« chances de bonheur. Mais comment se fait-il
« que ce but vous le poursuiviez seul? Oubliez-
« vous que rien de complet ne se fait que par
« l'homme et la femme réunis? Ah ! dans toute
« grande chose faite par l'homme, vous trouverez
« l'influence et la coopération de la femme. Où
« est la femme ? disent les magistrats qui pour-
« suivent un crime, et moi, renversant cette pensée,

« chaque fois qu'une grande chose est créée, je dis :
« où est la femme? Où est la femme, c'est-à-dire
« l'associée, l'inspiratrice, la consolatrice, la vail-
« lante et charmante compagne ? »

— Ah ! vous prêchez un converti, dit George ;
mais il y a une difficulté dont vous ne tenez pas
compte. La femme aimable, gracieuse, fine, in-
struite, ayant une supériorité, recherche presque
toujours les conditions qui peuvent la mettre dans
tout son éclat. Il lui faut la société, le monde. Ce
sont choses que l'existence active d'un homme
voué au travail industriel ne peut lui offrir.

— C'est vrai ; mais il peut lui offrir ce qui vaut
bien mieux, un cœur sincère, un intérieur aimable, sorte d'oasis où les mauvaises passions ne pé-
nétreront pas. Dans une semblable situation, la vie
du monde, brillante mais bien creuse au fond, peut
être reléguée au second plan. Quel intérêt a-t-elle?

— Ce que vous dites, mademoiselle, est beau,
mais bien rare. Ainsi, vous, par exemple, accepte-
riez-vous une semblable existence, vous riche,
belle, intelligente, artiste ?

— Riche? Oh! je ne sais pas même si j'aurai
une dot. En Amérique, ce n'est pas la mode.

— Qu'importe à un homme qui travaille! Il prend une femme parce qu'il l'aime.

— Belle, dites-vous, intelligente? Il faut bien apporter quelque chose en ménage. Artiste? La nature n'est-elle pas notre grand maître, notre refuge et notre inspiratrice? Le véritable artiste cherche là ses aspirations et non dans un salon.

— Enfin, vous croyez... ah! je n'ose l'espérer, qu'un ange comme vous associerait sa destinée à celle d'un travailleur comme moi?

— Mais peut-être bien. Toutefois, il faudrait le demander, et les hommes de mérite sont si difficiles.

— Ah! je vous le demande à deux genoux. Répondez oui. De grâce, prouvez que vous ne m'avez pas donné un faux espoir!

— Mais vous ne m'avez pas seulement demandé mon nom. Décidément, vous poussez trop loin le sentiment de l'*impersonnalité*.

— Qu'importe votre nom? Vous êtes ce que j'ai trouvé de plus parfait au monde. Votre nom, c'est Charme, et vos prénoms, Bonté, Esprit, Générosité..............

— Arrêtez! Du train dont vous parlez, nous

irions loin. Mon nom est, tout bonnement, Jenny Smithson.

— Quoi? Jenny Smithson? Mais... mais, moi, je suis George Léony!

— Je le sais bien, monsieur l'homme sauvage.

— Et vous ne dites pas non?

— Je dis oui, et si vous aviez voulu vous déranger, il y a un mois, nous aurions eu un mois de bonheur de plus. Ah! l'entêtement est un grand défaut!

— J'en conviens.

— Promettez-moi de ne plus être jamais entêté.

— Je le promets.

— Eh bien, George, voici ma main; vous avez ma parole.

— Et moi, je vous donne ma vie entière, répondit George.

— Maman, dit Jenny en rejoignant sa mère, je te présente monsieur George Léony, mon fiancé.

— Mais, Jenny, dit madame Smithson en cachant à grand'peine sa joie, il faut cependant consulter ton père avant de t'engager.

— Je voudrais bien voir, répondit résolument Jenny, qu'il se mêlât de mes affaires. Je ne lui demande pas de dot. D'ailleurs, chez nous, les jeunes filles choisissent librement leurs maris, c'est l'usage.

— Puisque c'est l'usage, dit madame Osborne, je n'ai plus rien à dire.

— Et moi, me voilà abandonné ! dit monsieur Osborne.

— Vous m'appartenez, dit George ; les gens de cœur ne se quittent pas ; d'ailleurs, l'air pur et tonique de notre vallée est le meilleur remède contre votre maladie. Nous tâcherons que notre société fasse le reste.   .   .   .

.   .   .   .

.   .   .   .

Décidément, un voyage à Macugnaga a son utilité, et l'auteur termine ce récit en recommandant ce voyage au lecteur.

9 782329 811758